Wolfgang Becker, Axel Tiedemann

Harburg

von

A-Z

Das Stadtteillexikon

Medien-Verlag Schubert

MVS

ISBN 3-929229-82-X

Satz und Layout: Medien-Verlag Schubert/Thomas Börnchen
Druck: Grafisches Centrum Cuno
Printed in Germany

Inhalt

Vorwort

Unbestritten: Die Stadt Harburg hat sich ihre Identität bis heute erhalten. Daran haben weder die starken Zerstörungen im Zweiten Weltkrieg noch die im wahrsten Sinne des Wortes umwälzenden Veränderungen in den 70er- und 80er-Jahren des vorigen Jahrhunderts etwas geändert - wobei Letztere nicht etwa Folge kriegerischer Auseinandersetzungen, sondern vielmehr Ergebnis der radikalen Stadtplanung waren. Selbst die oft gescholtene Anbindung an Hamburg – Harburg ist seit 1937 ein Teil der Hansestadt - konnte den Eigensinn südlich der Elbe nicht bändigen.

Folglich bieten die Harburger und ihre „Stadt" Stoff genug, um ein kleines Lexikon zu füllen. Auch wenn das vorliegende Buch nicht den Anspruch der Vollständigkeit erfüllen will, so findet der Leser doch eine Fülle von Informationen und Beschreibungen, die insgesamt ein rundes Bild abgeben. Während der Komplex der Vereine und Verbände mit wenigen Ausnahmen nur gestreift werden konnte, nimmt die Stadtentwicklung und ihre Geschichte breiteren Raum ein. Themen wie Channel Harburg und Industrialisierung haben zwar direkt kaum etwas miteinander zu tun, dennoch zeigen sich hier interessante Parallelen im Bemühen eines Standortes, den Menschen nicht nur Platz zum Wohnen, sondern auch Arbeit und Perspektiven zu bieten.

Dass eine Stadt oder ein Stadtteil nicht nur durch Straßen und Gebäude geprägt wird, liegt auf der Hand. Die Menschen sind es, die Harburg lebendig machen. Und Menschen, die hat Harburg reichlich zu bieten – Arme und Reiche, Engagierte und Mitläufer, Junge und Alte, „echte" Harburger und Zugereiste, Deutsche und Ausländer, Visionäre und Resignierte, Wissenschaftler und Ahnungslose, Polizeibekannte und Autofahrer, die sich auch nach der fünften Runde auf dem Harburg Ring nicht ins Parkverbot stellen. Es ist kaum möglich, diese Vielfalt zu charakterisieren. Dennoch sind Harburger auf ihre Weise typisch. Etwas eigenwillig, manchmal ein bisschen nörgelig. Geradeheraus, wenn es darum geht, jemandem die Meinung zu sagen. Bodenständig und traditionsbewusst. Kurz: kantig, aber durchaus liebenswert – ein Augenzwinkern inklusive.

Diesen Menschen und ihrer Stadt ein Lexikon zu widmen, ist eine reizvolle Aufgabe. Die alphabetische Reihenfolge ermöglicht einen schnellen Zugriff auf Informationen. Speziell gekennzeichnete Querverweise leiten weiter zu themenverwandten Begriffen. Eingearbeitet sind viele Harburger Straßennamen. Geschichtliches und Aktuelles mischt sich mit Kuriosem, denn: Wer über Harburg schreibt, der sollte hin und wieder das besagte kleine Augenzwinkern nicht vergessen.

Harburg, Sommer 2001
Wolfgang Becker und Axel Tiedemann

Chronik

Ca. 1135: Erste Erwähnung der „Horeburg" (Burg im Sumpf). Wer die Burg gegründet hat, ist nicht bekannt. Auch eine Siedlung, falls schon vorhanden, wird nicht erwähnt.

1257: Nach langen Kämpfen um die Burg setzt sich das Herzogtum Braunschweig-Lüneburg gegen das Erzbistum Bremen durch. Die Herrschaft der Herzöge beginnt.

1288 bis 1297: In zwei Stufen erlangt die Einstraßensiedlung (1288 erstmals urkundlich erwähnt) zwischen Burg und Geest Lüneburger Stadtrecht.

1397 bis 1517: Aus chronischem Geldmangel verpfänden die Herzöge Harburg (Schloss, Amt und Stadt) an die Hansestädte Hamburg und Lüneburg. Beide hatten jedoch kein Interesse daran, eine konkurrierende Stadt unter eigener Regentschaft zu haben – die wirtschaftliche Blüte blieb in Harburg deshalb aus. Stattdessen wurden die Harburger gnadenlos „abkassiert".

1527 bis 1642: Harburg wird Residenz einer Nebenlinie des Hauses Braunschweig-Lüneburg. Die Herzöge Otto I., Otto II. und Wilhelm versuchen, die wirtschaftliche Prosperität zu heben, haben jedoch zu wenig Geld. Und: Das große Hamburg im Norden schreckt auch vor Angriffen nicht zurück, um Harburg klein zu halten. In einem Prozess um die freie Schifffahrt auf der Süderelbe (Reichskammergericht Speyer) siegen die Herzöge zwar, Harburgs Hafenwirtschaft bleibt dennoch vergleichsweise bedeutungslos. 1642 stirbt Herzog Wilhelm ohne Erben – das Amt fällt an die in Celle beheimatete Hauptlinie zurück.

1642 bis 1705: Die Herzöge aus Celle bauen das Schloss zu einer modernen Festung aus. Die Stadt wächst gen Süden. 1705 fällt Harburg nach dem Aussterben der cellischen Linie an das Kurfürstentum Hannover.

1757: Französische Truppen besetzen kampflos die Harburger Zitadelle, die nach vierwöchigem Beschuss von den hannoverschen Truppen zurückerobert wird.

1803 bis 1814: Die Franzosenzeit: Wirtschaftlicher Aufschwung unter der Herrschaft Napoleons war die eine Seite. Die andere Seite bedeutete hohe Abgaben, Zwangsarbeitseinsätze zum Beispiel beim Bau der Bremer Chaussee und Zwangsausweisungen.

1815 bis 1866: Harburg gehört zum neuen Königreich Hannover. Der Handel kommt in Schwung.

1847: Die Eisenbahn nach Hannover wird gebaut. Es folgt der erste Ausbau des Binnenhafens.

1866: Nach der preußischen Annexion des Königreichs Hannover schreitet in Harburg die Industrialisierung voran.

1904 bis 1907: Das Dorf Lauenbruch fällt der Hafenerweiterung zum Opfer. Drei tideoffene Seehafenbecken entstehen.

1910: Mittlerweile ist das Harburger Stadtgebiet durch Eingemeindungen(von zirka 330 auf etwa 2 000 Hektar angewachsen. Heimfeld, Wilstorf, Eißendorf, Neuland und das Gebiet von Lauenbruch sind hinzugekommen.

1927: Harburg und Wilhelmsburg (seit 1925 Stadt) werden zur preußischen Großstadt Harburg-Wilhelmsburg zusammengeschlossen. Hier leben etwa 110 000 Menschen.

1937: Das Groß-Hamburg-Gesetz beendet Harburgs Geschichte als eigenständige Stadt.

1944/45: Durch schwere Bombenangriffe wird Harburg stark zerstört. Vor allem die Industrieanlagen sind Ziel der Bomber, aber auch in der Innenstadt gehen diverse Häuser zu Bruch. 2 551 Harburger Bombenopfer werden während des Zweiten Weltkriegs offiziell in Harburg dokumentiert.

1973: Erster Rammschlag für die S-Bahn. Es schließt sich die Innenstadtsanierung unter anderem mit dem Bau des Harburger Ringes an.

1970 bis 2001: Während sich die Industrie mit einigen 1 000 Arbeitsplätzen langsam, aber sicher aus Harburg verabschiedet, wird vor allem in den 90er-Jahren der Wandel zum Hightech-Standort eingeläutet. Durch die TU Harburg und die Ansiedlung des Mikroelektronik-Anwendungszentrums im Binnenhafen kommt eine Entwicklung in Gang, die neue Unternehmen und Arbeitsplätze entstehen lässt.

A

Adolf-von-Elm-Hof: In den 20er-Jahren galt sie als Mustersiedlung für den genossenschaftlichen Wohnungsbau: Und da war es dann auch klar, dass der kleine Straßenzug in → *Eißendorf* damals nach einem verdienten Hamburger Sozialpolitiker benannt wurde: Adolf von Elm (1857 – 1916) war in jungen Jahren Arbeiter in einer Zigarrenfabrik gewesen und engagierte sich früh für den Sozialismus. Als der politische Druck durch die Sozialistengesetze zu groß wurde, wanderte er 1878 für einige Jahre in die USA aus. Anfang der 80er-Jahre des 19. Jahrhundert kam er zurück und machte sich für die Genossenschaftsbewegung als Selbsthilfe der kleinen Leute stark. Von 1894 bis 1907 gehörte er als Sozialist dem Reichstag an. Im Hof der Eißendorfer Genossenschaftssiedlung erinnert eine kleine Gedenktafel an von Elm, der deutschlandweit als einer der Pioniere der Genossenschaftsbewegung gilt.

Adventisten: Die kleine Gemeinde der Harburger Adventisten gehört zu den → *Freikirchen*. Domizil ist das Advent-Haus in der → *Denickestraße*. Besonderheit: Die Gottesdienste finden sonnabends statt, weil in der Bibel der Sabbat als Feiertag genannt ist.

Aktionsgemeinschaft Harburg: Unter der Bezeichnung Aktionsgemeinschaft → *Harburg* haben sich Harburger Geschäftsleute zusammengeschlossen, um die → *Innenstadt* zu beleben. Anlass der Vereinsgründung war der schleichende Verlust von Kunden aus dem Umland. Ein → *City-Manager* organisiert halbtags die Aktionen und ist Ansprechpartner.

Allgemeines Krankenhaus Harburg: Das AK Harburg stand ursprünglich auf dem Gelände der heutigen → *TU Harburg* am Irrgarten. Nachdem dieser Standort in den 70er-Jahren der Wissenschaft zugeschlagen wurde, fand das Krankenhaus eine neue Bleibe in den Kasernenbauten am Eißendorfer Pferdeweg. Hinzu kam ein für damalige Verhältnisse moderner Neubau. Derzeit hat die Klinik rund 800 Betten. Sie steht unter der Verwaltung des städtischen Landesbetriebs Krankenhäuser, der Schulter an Schulter mit der Gesundheitsbehörde den Zusammenschluss mit dem katholischen → *Mariahilf-Krankenhaus* und somit eine Monopolisierung betreibt – sehr zum Leidwesen vieler Harburger.

Alte Feuerwache: So sehr alt, wie der Name vermuten lässt, ist die Alte Feuerwache eigentlich gar nicht. Ursprünglich war die Harburger Feuerwehr im „Central-Spritzenhaus" am heutigen Ring untergebracht. Für seine neue Berufsfeuerwehr ließ der Magistrat Harburgs dann 1921 ein neues Domizil an der → *Hastedtstraße* bauen. Seit den 80er-Jahren ist dort nun die stadtgeschichtliche Abteilung des → *Helms-Museums* untergebracht. Auf mehreren Etagen zeigt eine Ausstellung die Geschichte Harburgs. Doch an seine eigentliche Nutzung erinnert das Gebäude noch immer stark: Da ist zum Beispiel der schmale, hohe Turm, in dem früher die Schläuche zum Trocknen aufgehängt wurden. Und im Erdgeschoss sind noch deutlich die großen Einfahrten für die Feuerwehrfahrzeuge zu erkennen.

Alte Handelskammer: Es gibt immer wieder Vorstöße aus der Harburger → *Kommunalpolitik*, dass die alte Handwerkskammer auch wieder Sitz

„Halt! Brückengeld" – das Foto von der Alten Elbbrücke entstand um die Jahrhundertwende. Das Schild offenbart einen Teil der damaligen Finanzierung.

der Harburger Handwerker werden soll. Doch auch so ist das repräsentative Gebäude an der → *Knoopstraße* ein sehr öffentliches Haus: Dort ist das → *Standesamt* beheimatet und bietet Brautpaaren einen schönen Rahmen für ihren besonderen Tag. Gebaut wurde das Gebäude 1911, nachdem in → *Preußen* statt der Zünfte die Innungen die Selbstorganisation der Handwerker übernommen hatten. → *Harburg* war seinerzeit bereits seit 1900 Sitz der Handwerkskammer der Regierungsbezirke Lüneburg und Stade. Die eigentliche Hauptfront des Gebäudes orientierte sich damals zu einem Marktplatz, der der eher brutalen → *Stadtplanung* der Harburger Nachkriegsgeschichte zum Opfer gefallen ist.

Alte Harburger Elbbrücke: Ihre Schönheit kann die Brücke heute nur in unmittelbarer Nähe entfalten. Zu sehr dominieren die drei anderen Brücken das Bild: → *S-Bahn*, → *Autobahn* (Europabrücke), und → *Brücke des 17. Juni* liegen dicht beieinander und erdrücken mit ihrer prallen Nützlichkeit die Alte Harburger Elbbrücke förmlich. Dabei war sie es früher, die seit ihrer Eröffnung am 30. September 1899 mit Ausnahme der Eisenbahnbrücke (1872 fertig- gestellt) die wichtigste Verbindung Harburgs über die → *Süderelbe* darstellte. Kaiser Wilhelm II höchstpersönlich nahm an der Eröffnungsfeier teil. Gebaut für Kutschen war sie dem Kraftverkehr aber später kaum noch gewachsen. Direkt

daneben wurde daher 1937 die Brücke des 17. Juni als Entlastung gebaut.
Heute ist die genietete Stahlkonstruktion der Alten Elbbrücke nur noch für Fußgänger und Fahrradfahrer frei. Aber: Sie bietet wohl den schönsten Blick auf einen Mix aus Fluss und Industrie-Romantik am Harburger → *Binnenhafen*. Hier lässt sich in → *Harburg* ein Sonnenuntergang wohl am stimmungsvollsten erleben. Die Stahlbögen mit ihren altertümlichen Laternen werfen dann ein bizarres Schattenbild, die Sonne versinkt genau über dem Strom und taucht zwei kleine Yachthäfen in ein warmes Licht.
Direkt vor dem Harburger Brückenportal ist übrigens eine Tafel mit Fotos und Texten zur Geschichte aufgestellt. Die darauf abgebildeten schmiedeeisernen Adler des Berliner „Hofkunst-Schmieds" Paul Marcus sind beim Original allerdings nicht mehr zu entdecken. Sie liegen mittlerweile im → *Helms-Museum*.

Alte Post: → *Post*

Alter Friedhof: Das Gelände zwischen → *Bremer Straße* und → *Maretstraße* wurde bis 1892 als Friedhof genutzt. Danach wurde der → *Neue Friedhof* angelegt. Heute ist der Alte Friedhof ein beschaulicher kleiner Park unmittelbar am Stadtzentrum.

Alter Postweg: Der Alte Postweg führt praktisch quer durch den Harburger Stadtteil → *Heimfeld* und erinnert mit seinem Namen an die ehemalige Verbindungsstraße nach Buxtehude und Stade. Bevor 1848 nämlich die „große" Chaussee als Vorläufer der heutigen B73 gebaut wurde, führte für die Postkutschen der Weg von Harburgs Zentrum zunächst den → *Schwarzenberg* hoch und dann weiter bis zum Geestrand nahe der heutigen Autobahnzufahrt Heimfeld. Hier treffen sich alte und neue Straßenführung wieder. Die heutige → *Buxtehuder Straße* als Teil der B73 lag seinerzeit zu sehr im Moor, um dort einen Postkutschenweg anlegen zu können.

Die Alte Feuerwache am Hastedtplatz: Das Foto zeigt den Schlauchturm.

Am Exerzierplatz: Der kleine Straßenzug zwischen → *Eißendorfer Straße* und → *Göhlbachtal* zeugt von der militärischen Vergangenheit Harburgs, von der heute außer Straßennamen und umgenutzter Gebäude nicht mehr viel übrig geblieben ist. Der Exerzierplatz war in der Garnisonsstadt → *Harburg* im 19. Jahrhundert noch einer von mehreren, die sich meist um den → *Schwarzenberg* gruppierten.

Am Frankenberg: Heute ist die Straße vor allem als Adresse eines großen Seniorenheims bekannt. Ihre Bezeichnung verdankt sie einer Legende, die seit vielen hundert Jahren in → *Harburg* erzählt wird. Danach soll der Frankenkaiser Karl der Große hier mit seinen Truppen ein großes Feldlager aufgeschlagen haben.

Am Irrgarten: Manche Autofahrer aus anderen Städten dürften den Namen ganz treffend finden, wenn sie mit der Harburger Verkehrsführung im Allgemeinen und mit der vom nahen → *Harburger Ring* im Besonderen zu kämpfen haben. Doch davon ahnten die Namensgeber im 19. Jahrhundert wohl noch nichts, als sie die kleine Straße benannten, die von der → *Eißendorfer Straße* abgeht. Irrgarten bezieht sich dabei auf ein ehemaliges Wäldchen, das wohl manchen Harburger zum Versteckspiel eingeladen hatte. Eigentlich sollte die Straße die Bezeichnung „Krankenhausplatz" bekommen, was sich aber gegen den bereits eingebürgerten Namen Irrgarten nicht durchsetzen ließ. Dabei wäre Krankenhausplatz treffender gewesen, denn am Irrgarten war vor dem Bau der → *TU Harburg* das Harburger Krankenhaus. Und bis heute ist dort das → *Gesundheitsamt* zu finden.

Am Soldatenfriedhof: Wie wechselvoll die Geschichte mancher Ecken Harburgs ist, zeigt diese Straße zwischen → *Wallgraben* und → *Neuer Straße*: Im 16. Jahrhundert lag dort noch ein Weinberg, den → *Herzog Otto I.* vom nahen Harburger → *Schloss* wohl nicht ganz ohne Eigennutz anlegen ließ. Doch offensichtlich wuchsen die Reben dann doch nicht so recht. Die damals terrassenförmige Anlage wurde daher als Friedhof für herzögliche Beamte und Soldaten umgenutzt – was später dann auch zur Namensgebung beitrug. Allerdings wurde der Friedhof bereits 1870 aufgegeben, seine Reste stehen aber unter Denkmalschutz.

Amtsgericht: Hier an der Buxtehuder Straße 9 wird bereits seit 1874 Recht gesprochen. Davor war das Gericht im Harburger → *Schloss* beheimatet. Doch die Gegend um die frühere Herzogsresidenz im → *Binnenhafen* wandelte sich Mitte des 19. Jahrhunderts immer mehr zu einem Industriegebiet. An der → *Buxtehuder Straße* wurde daher das neue und größere Gericht samt Gefängnistrakt gebaut.

An der Rennkoppel: Die großzügigen Parkanlagen am gleichnamigen Seniorenheim deuten schon auf die frühere Nutzung hin. Im 19. Jahrhundert war die Rennkoppel tatsächlich eine Rennkoppel, wo der Harburger Reit- und Rennclub seine Harburger Pferderennen austrug, die damals im Königreich Hannover ein gesellschaftliches Highlight darstellte. 1866 war jedoch Schluss: Mit der Übernahme Harburgs durch → *Preußen* löste sich der Rennclub auf.
Das Seniorenpflegeheim kämpfte jahrelang gegen das angeschlagene Image. Doch umfangreiche Sanierungen brachten die Einrichtung voran. Jüngsten Plänen zufolge soll die Anlage jetzt jedoch Schritt für Schritt abgerissen und in einen modernen Wohnpark für Senioren umgewandelt werden.

Apostelkirche: Die lutherische Kirche steht am Hainholzweg in → *Eißendorf*.

Apotheken: Nirgends auf der Welt gibt es eine höhere Apotheken-Dichte als in der Harburger Innenstadt (siehe auch → *Schuhgeschäfte*). Das meinen zumindest pillenfeindliche Zeitgenossen.

Architektonisch gelungen: Das neue Arbeitsamt steht zwischen Harburger Ring und Rathaus.

Ganz falsch scheinen sie nicht zu liegen. Es heißt: Wer in Harburg hinfällt, landet mit 50-prozentiger Wahrscheinlichkeit direkt vor einer Apotheke...

Appelbüttel: Im 14. Jahrhundert wurde das Dorf Appelbüttel erstmals urkundlich erwähnt. Viele Jahrhunderte gehörte es zu → *Marmstorf*, das 1937 → *Harburg* eingemeindet wurde.

Appelbütteler Tal: Das Appelbütteler Tal ist Teil der berühmt-berüchtigten Fünf-Finger-Strategie der Harburger Stadtplaner. Sie hatten sich vor Jahren den Stadtplan vorgeknöpft und fünf Grünachsen festgelegt, die aus der Innenstadt in die Peripherie ragten. Anfang der 90er-Jahre folgte jedoch ausgerechnet ein von der SPD betriebener Angriff auf eben diese Strategie. Das Appelbütteler Tal sollte in Teilen plötzlich bebaut werden. Eine rege Bürgerinitiative legte sich jedoch mächtig ins Zeug und verhinderte den Umweltfrevel.

Arbeitsamt: Das Arbeitsamt steht am → *Harburger Ring* und besticht durch seine gelungene → *Architektur*. Das Gebäude verjüngt sich zu einem spitzen Winkel, der vor allem bei Fotografen beliebt ist. Das alte Arbeitsamt in der → *Neuen Straße* war in den 90er-Jahren zu klein geworden. Die Räume werden trotz des gemieteten Neubaus noch immer von der Bundesbehörde genutzt.

Architektur: → *Stadtplanung.*

Atmen: → *Frauenkultur.*

Auferstehungskirche: Die Auferstehungskirche in → *Marmstorf* ist wie auch die → *St.*

Schräg vor dem Harburger Rathaus lädt das Objekt „Aufrechter Gang" zum Nachdenken an.

Petruskirche und die → *Apostelkirche* nach dem → *Zweiten Weltkrieg* gebaut worden. Sie steht am Marmstorfer Weg.

Aufrechter Gang: Geschweißtes Metallobjekt direkt neben dem → *Rathaus*.

Ausbesserungswerk: Traditionell war die Eisenbahn einer der wichtigsten Arbeitgeber in → *Harburg*. Dazu zählte vor allem das Ausbesserungswerk auf der → *Bahnhofslinse*, wo um 1914 fast 1500 Menschen beschäftigt waren. 1990 wurde das Werk geschlossen, rund 700 Mitarbeiter verloren ihren Job. Ein Teil der Hallen ist heute an Künstler vermietet.

Außenmühle, Außenmühlenteich: Der Außenmühlenteich, von Harburgern auch oft nur Außenmühle genannt, ist so etwas wie die Alster von → *Harburg*. Rund um den aufgestauten Teich liegt der Harburger → *Stadtpark* sowie ein hübsches Gelände mit → *Kleingärten*. Den Außenmühlenteich gibt es bereits seit dem 16. Jahrhundert. Mit einem Damm wurde der → *Engelbek* aufgestaut, um so eine Mühle mit Wasserenergie versorgen zu können. Bis etwa 1930 existierte die Mühle. Das Gelände und die Nutzungsrechte der rund 25 Hektar großen Wasserfläche gingen dann an die Stadt Harburg über, die dort bereits vorher schon ihren Park angelegt hatte.
Bereits seit 1890 gab es an der Außenmühle auch ein Naturfreibad – und zwar dort, wo heute das Freizeithallenbad → *MidSommerland* steht. Wegen der Wasserverschmutzung wurde das Baden im Außenmühlenteich jedoch verboten. Später entstand ein reguläres Freibad mit zwei großen Becken und Sprungturm. Das Versprechen der Politik aus den 90er-Jahren des vorigen Jahrhun-

Die Parklandschaft rund um den Außenmühlenteich ist das beliebteste Naherholungsgebiet der Harburger.

derts, den Teich wieder zum Baden freizugeben, wurde nie eingelöst. Bis zur heiß umkämpften Freigabe des → *Neuländer Baggersees* 2001 hatten die Harburger – abgesehen von der Elbe – viele Jahre keinen Naturbadeplatz.

Außenmühlenfest: Seit einigen Jahren hat sich dieses Sommerfest mit etwa 200 000 Besuchern rund um den Außenmühlenteich zu einem der beliebtesten Openair-Volksfeste der Region entwickelt.

Autobahn: Aus wirtschaftlicher Sicht ist der Standort → *Harburg* mehr als günstig. Die Verkehrserschließung per Schiff, Zug und Auto stimmt. Wichtigster Punkt sind dabei die Autobahnen. Die A1 führt an → *Neuland* vorbei Richtung Lübeck beziehungsweise Horster Dreieck und damit Richtung Hannover und Bremen. Die A7 kommt aus Richtung Hannover und führt durch den → *Elbtunnel* Richtung Norden. Zudem sind A7 und A1 durch die Autobahn-Eckverbindung A 261 verbunden.

B

Baererstraße: Die Straße führt mitten durch das → *Phoenix-Viertel* und damit durch ein traditionelles Arbeiterwohngebiet Harburgs. Bei etlichen Straßennamensänderungen nach dem → *Zweiten Weltkrieg* besann sich der → *Bezirk* daher auch hier der Geschichte seiner Arbeiterbewegung. Heinrich Baerer (1842 – 1913) war ein streitbarer Harburger Kämpfer für die sozialdemokratische Sache. Der Schuhmachermeister und spätere Harburger Reichstagskandidat wurde gar zum Zeitungsverleger und brachte die SPD-Tageszeitung „Volksblatt" heraus, die ihren Sitz nahe

Die Bahnanlagen auf der Bahnhofsinsel sind seit Jahren ungenutzt. Hier ist das Hightech-Areal HafenCampus geplant.

des heutigen → *Karstadt*-Hauses hatte. Dort befand sich auch lange Zeit die SPD-Zentrale der Stadt.

Baerers Engagement für die Arbeiterbewegung hatte für ihn in jungen Jahren handfeste Folgen gehabt. 1884 wurde er nach der Verabschiedung der Sozialistengesetze aus Harburg ausgewiesen und zog nach Hannover. Nach Aufhebung des Gesetzes kehrte er 1890 zurück und gründete bald seinen Zeitungsverlag, der das „Volksblatt" bis zur Machtübernahme der Nazis herausgab. Zu seinen Lebzeiten hatte die heutige Baererstraße in Teilen jedoch anders geheißen und erinnerte, höchst selten in Harburg, an eine Frau: Bis 1950 hieß sie Elisenstraße – nach der Frau des letzten Harburger Stadtmusikanten, Elise Lauterbach.

Bahnhofsinsel: Oft wird sie mit der → *Bahnhofslinse* verwechselt, die aber auf der östlichen Seite der → *Hannoverschen Straße* liegt. Die Bahnhofsinsel ist jedoch Teil des Harburger → *Binnenhafens*, der zum großen Strukturwandel in der Stadt beitragen soll. Das Gebiet zwischen → *Östlichem Bahnhofskanal* und der Hannoverschen Straße ist zwar Standort einiger Betriebe, zu großen Teilen aber auch Brachland. Zwar gab es immer wieder Investoren, die sich für die Fläche interessierten. Doch Pläne, dort weit weg von der City ein → *Einkaufszentrum* zu bauen, scheiterten an der Harburger → *Stadtplanung*.

Bahnhofslinse: Dieses tatsächlich linsenartig geformte Grundstück war viele Jahre Standort des Bundesbahn-Ausbesserungswerks. Seit der Schließung 1990 werden die Hallen in dem mächtigen Ziegelgebäude als Lagerraum und Atelier genutzt. Immer wieder gab es Vorstöße, eine neue Nutzung zu etablieren. Auch gab es Pläne für ein → *Einkaufszentrum*, die nach dem positiven Beschluss für die → *Harburg Arcaden* im Zentrum und das → *Phoenix-Center* an der → *Moorstraße* aufgegeben wurden. Gescheitert ist auch das Projekt, ein großes Disco-Zelt aufzubauen. Zwar gab es

Seit Mitte der 70er-Jahre Zentrum der Harburger Baptisten: die Kreuzkirche an der Niemannstraße.

vom Bezirk positive Signale, doch die Planer aus Nordrhein-Westfalen zogen sich nach einer ersten Inspektion des Geländes wieder zurück. Vor den Wahlen zur Bürgerschaft im September 2001 überraschte die Stadt mit einer neuen Idee: Die Bahnhofslinse sei gut geeignet als Standort für das geplante Kompetenzzentrum der Handwerkskammer Hamburg – immerhin ein 90-Millionen-Mark-Projekt.

Bahrstraße: August Bahr (1801 – 1855) war Harburger → *Bürgermeister*.

Balkan: Ein frecher Barde dichtete dereinst „In Harburg fängt der Balkan an..." und trat das ohnehin schon angeschlagene → *Image* heftig mit Füßen. Schaut man sich den hohen Ausländeranteil, den Siegeszug der Dönerbuden (schmeckt echt gut...) und die Balkanisierung der Fußgängerzone in Form von türkischen Gemüseläden an, so könnte man auf den Gedanken kommen, der Sänger sei ein Prophet gewesen. Ganz so ist es allerdings nicht. Und überhaupt: Der türkische Wirt an der Ecke ist ein ganz feiner Kerl!

Bansenstraße: Benannt nach dem Stadtbaumeister Hermann Bansen (1813 – 1890).

Baptisten: Mitte der 70er-Jahre verließen die Harburger Baptisten (Evangelisch-Freikirchliche Gemeinde) ihr Kirchengebäude in der → *Maretstraße* und bezogen die nagelneue → *Kreuzkirche* an der Niemannstraße. Eine zweite Gemeinde dieser → *Freikirche* ist in der Brunsstraße beheimatet. Die Baptistengemeinde wurde bereits 1858 von einem zugewanderten Schmiedegesellen gegründet, der sich in der Anfangszeit mit einigen gläubigen Arbeitskollegen in einer alten Postkutsche versammelte, um die Bibel zu studieren.

Bauamt: Das Harburger Bauamt am → *Rathausplatz* 4 ist in einem Verwaltungsbau aus dem Jahr 1904 untergebracht, der schon bald nach dem Neubau des → *Rathauses* (1892) notwendig geworden war. Zeitweilig war dort allerdings auch die → *Polizei* untergebracht. In den ehemaligen Haftzellen lagern heute Akten.

Beethovenstein und Beethovenhöhe: Aussichtspunkt im Harburger → *Stadtpark*, zu erreichen von der Bushaltestelle Rabenstein. 1927 wurde an Beethovens 100. Todestag ein Findling als Gedenkstein aufgestellt.

Bennigsenstraße: Die städtische Wohnstraße wurde 1927 nach Rudolf von Bennigsen (1824 – 1902) benannt, dem 1897 von Harburg das Ehrenbürgerrecht verliehen wurde. Bennigsen war zwar kein Harburger, sondern nationalliberaler Reichstagsabgeordneter aus der Provinz Hannover. Doch die Harburger dankten ihm wohl sein letztlich erfolgloses Engagement für die Neutralität Hannovers vor dem Zwangsanschluss an Preußen. Die Harburger, traditionell dem Königreich Hannover verbunden, hatten die Machtübernahme durch → *Preußen* nie richtig gemocht.

Berkefeldweg: 1957 benannt nach dem ersten hauptamtlichen Harburger Stadtkämmerer Johann Georg Heinrich Berkefeld (1783 – 1857).

Besselstraße: Heinrich von Bessel (1603 – 1671) war zu Lebzeiten Kanzler und damit ranghöchster Beamter in → *Harburg*.

Beutnerring: 1969 wurde die Straße nach einer Marmstorfer Bauernfamilie benannt.

Bezirk, Bezirksversammlung, Bezirksamtsleiter: Hamburg ist in sieben Bezirke aufgeteilt, → *Harburg* ist einer davon. Im Harburger → *Rathaus* tagt daher kein Stadtrat, sondern eine Bezirksversammlung. Streng genommen ist dies lediglich ein Ausschuss der Hamburgischen Bürgerschaft und mit nur geringen Kompetenzen ausgestattet. Selbst Bebauungspläne dürfen vor Ort nur bis zu einer bestimmten Größe beschlossen werden, alle wichtigen Entscheidungen treffen Senat und Bürgerschaft. Das hat manchmal zur Folge, dass sich zwar alle Harburger Fraktionen in der Bezirksversammlung in einer Frage einig sind, der Hamburger Senat aber ganz anders entscheidet. Auch das Budget-Recht der Bezirksversammlung ist vergleichsweise bescheiden, jeder Gemeinderat in den niedersächsischen Nachbargemeinden entscheidet über die Verteilung von weit mehr Geld. Als → *„Bürgermeister"* fungiert daher in Harburg auch lediglich ein Bezirksamtsleiter, der in Abstimmung mit dem Senat von der Bezirksversammlung gewählt wird.

Binnenhafen: Wie kaum ein anderer Stadtteil spiegelt der Binnenhafen die Entwicklung Harburgs wider: Mittendrin stehen Reste des ehemaligen → *Schlosses*, das als Befestigung im frühen Mittelalter Ausgangspunkt der späteren Siedlung war. Hier befand sich daher früher der Kern der Stadt. Einige Reste und verwitterte Hinweisschilder erinnern noch heute daran. Aus dem ehemaligen, vieleckigen Befestigungsgraben, der Zitadelle, entstand dann im Zuge der Industrialisierung der eigentliche Binnenhafen, der im Unterschied zum Hamburger Hafen durch seine → *Schleuse* tideunabhängig ist. In der Frühphase der → *Industri-*

Bissingstraße und Bissing-Gedenkstein

Hafenidylle à la Harburg: Im Binnenhafen liegen regelmäßig historische Segler, die bei Besuchern stets für Aufsehen sorgen.

alisierung war das noch ein Vorteil. Mitte des 19. Jahrhundert wurden im Binnenhafen große Bahnanlagen gebaut, die eine bequeme Verladung aufs Schiff ermöglichten. In dieser Zeit wandelte sich der Hafen immer mehr zu einem Industrierevier, der eigentliche Stadtbereich verlagerte sich dagegen weiter zur Geest im heutigen Zentrum. Ganz abgeschnitten von der städtischen Entwicklung wurde der Binnenhafen Ende des 19. Jahrhundert durch den Bau der Bahnlinie Hamburg – Cuxhaven. Auch die Funktion des eigentlichen Hafens änderte sich in dieser Zeit. Um die Jahrhundertwende wurden die Seehafenbecken an der → *Süderelbe* gebaut, weil die Schiffe größer wurden. Der Binnenhafen wurde dagegen Zentrum der Ölindustrie in der Region.

Mit dem Rückgang der industriellen Produktion seit Mitte des 20. Jahrhunderts wandelte sich dann abermals das Bild: Der Binnenhafen wurde teilweise Industriebrache oder Standort von anderen Branchen. Jahrelang prägte ein Schrott-Verlader beispielsweise das Bild. In den 80er-Jahren entwickelte die → *Kommunalpolitik* und der damalige → *Bezirksamtsleiter* Jobst Fiedler dann die Idee von einer völlig neuen Nutzung des Hafens im Stil der Londoner Docklands. Die Idee ist inzwischen Realität. Das Hightech-Areal im Binnenhafen heißt mittlerweile → *Channel Harburg* und ist nicht nur Standort etlicher neuer Firmen, sondern auch Vermittler eines ganz neuen → *Images* der alten, grauen Industriestadt mit Namen → *Harburg*.

Bissingstraße und Bissing-Gedenkstein: Der Verbindungsweg zwischen B73 und Schwarzenbergstraße in Heimfeld schmiegt sich eng an die Grünanlagen des Schwarzenberggeländes an. Dort ließ der Oberstleutnant Baron Ferdinand von Bissing (1787 – 1856) auf dem damaligen Exerzierplatz den heutigen Park anlegen. Die Harburger ehrten ihn daher 1925 mit dieser Straße und einem Gedenkstein auf dem Schwarzenberg.

Blindengarten: Teil des Harburger → *Stadtparks*. Blinde können dort an der Hohen Straße Pflanzen ertasten. Schilder in Blindenschrift geben die Erklärung.

Blohmstraße: Heute ist es nur eine eher unscheinbare Straße im → *Binnenhafen*, benannt nach dem Königlich Hannoverschen Wasserbaudirektor Johann Heinrich Blohm (1799 – 1858), der in den 40er-Jahren des 19. Jahrhunderts den Ausbau des Harburger Hafens vorantrieb. Bei der Namensgebung 1867 hatte die Straße jedoch eine größere Bedeutung: Sie stellte zusammen mit dem → *Dampfschiffsweg* die Verbindung zum seinerzeit wichtigen Harburger Fähranleger dar und war Wohnort vieler bedeutender Unternehmer, die hier ihre → *Villen* bauten.

Böhrsweg: Benannt nach dem Rektor der Eißendorfer → *Schule* Wilhelm Böhrs (1859 – 1911), der von Hollenstedt nach → *Harburg* gekommen war.

Bojenmann: Er ist nicht wirklich ein Harburger, der Bojenmann, denn er steht mitten auf dem Strom, der → *Harburg* von → *Wilhelmsburg* trennt – der → *Süderelbe*. Und da der Bojenmann etwas mehr auf nördlicher Seite steht, ist er eigentlich ein Wilhelmsburger. Allerdings: Der Bojenmann, von dem es in Hamburg weitere Exemplare gibt, ist ein Kunstwerk. Und er begrüßt die Hamburger, die in der → *S-Bahn* sitzen und über die Elbbrücken gen Süden vorrücken. In diesem Sinne ist er denn doch ein Harburger – ähnlich wie der → *Flaggenmann*.

Im Sommer können an der Außenmühle Tretboote ausgeliehen werden – ein beliebtes Freizeitvergnügen.

Bonusstraße: August Bonus (1845 – 1921) war Mitbegründer des gemeinnützigen Harburger Bauvereins.

Bootsverleih: Wer Harburger Wasserflächen mit dem Boot erkunden will, aber kein eigenes hat, kann sich am Bootshaus an der → *Außenmühle* ein Tretboot ausleihen.

Bornemannstraße: Ludwig Heinrich Bernhard Bornemann (1817 – 1896) war hoher Verwaltungsbeamter in → *Harburg*.

Bostelbek: Bostelbek ist vielen Harburgern vor allem ein Begriff durch das ehemalige → *Tempowerk*. Heute ist auf dem Gelände ein Technologie-Park zu finden. Ebenfalls zu Bostelbek gehört das → *DaimlerChrysler*-Werk mit mehreren 1000 Arbeitsplätzen. „Berühmt" ist die → *Siedlergemeinschaft* Am Radeland, die mehrfach von Hamburg als schönste Siedlung der Hansestadt ausgezeichnet worden ist.

Brauerei: Bis Mitte der 20er-Jahre wurde in → *Harburg* noch in Eigenregie gebraut. In der 1. Bergstraße hatte die Harburger Actien Brauerei ihren Sitz, die damals schließlich von der Bavaria- und St.-Pauli-Brauerei übernommen wurde. Ältere Harburger erinnern sich noch an den herben Geruch, der an der → *Schwarzenbergstraße* in der Luft hing. Bis 1973 floss der Gerstensaft made in Harburg – dann war es aus mit der schönen Tradition. 1978 wurde die Brauerei-Ruine abgerissen, um Wohnhäuser zu bauen.

Bremer Straße: Dass die Bremer Straße irgendwie in Richtung Bremen führt, liegt auf der Hand. Doch wer hätte gedacht, dass → *Napole-*

Die schönste Siedlung Hamburgs: Peter Wohlers, Vorsitzender der mehrfach prämierten Siedlergemeinschaft Am Radeland, zeigt eine der Urkunden und einen Ehrenteller.

on höchstselbst den Befehl zum Bau dieser damals strategisch wichtigen Straße gegeben hatte. Diese historische Bedeutung mag ein kleiner Trost für die Autofahrer sein, die sich über den täglichen Stau dort ärgern müssen.

Brücke des 17. Juni: Sie ist sozusagen die hässliche Schwester der denkmalgeschützten → *Alten Harburger Elbbrücke*, die gleich nebenan steht. Nachdem eine neue Straßenbrücke, als dritte Querung an dieser Stelle gebaut wurde, sollte die 1937 gebaute Brücke des 17. Juni eigentlich in den 90er-Jahren des 20. Jahrhunderts abgerissen werden. Doch besonders von der Elbinsel → *Wilhelmsburg* gab es heftige Proteste. Die Wilhelmsburger erinnerten sich noch gut an die → *Sturmflut* von 1962 und verlangten den Erhalt der Elbquerung als Fluchtmöglichkeit. Ihren Namen erhielt die Brücke 1964. Er sollte an den 1953 niedergeschlagenen Aufstand in der DDR erinnern.

Bücherhalle: Lange war die Harburger Bücherhalle in einem unspektakulären Waschbetonbau am → *Rathausplatz* zu Hause. Seit einigen Jahren hat diese städtische Einrichtung gemeinsam mit der Volkshochschule nun ihren Standort im → *Harburg Carrée* an der → *Wilstorfer Straße*.

Bürgermeister: Seit dem → *Groß-Hamburg-Gesetz* von 1937 hat Harburg keinen Bürgermeister mehr. Stattdessen nimmt der → *Bezirksamtsleiter* die Repräsentationspflichten der Verwaltung wahr. Oberster Dienstherr des Verwaltungschefs ist auch kein Stadtrat mehr, sondern in erster Linie der Hamburger Senat.

Im Gemeindezentrum der Harburger Baptisten ist das Café Quo eingerichtet worden. Dort können zweimal pro Woche Studenten der TU Harburg entspannen.

Bugenhagenkirche: Diese Kirche steht geografisch in → *Wilstorf*, ist aber für die Protestanten in → *Rönneburg* zuständig.

Bunatwiete: Die Straße im → *Phoenix-Viertel* lässt in ihrem Namen ein Stück Harburger Industriegeschichte Revue passieren. Buna ist künstlicher Kautschuk, der in den Harburger Gummifabriken verarbeitet wurde. Geprägt ist die hoch gelegene Straße heute durch die → *Schule* → *Maretstraße*/Bunatwiete, deren Turm von vielen Ecken Harburgs aus zu sehen ist. Von der Bunatwiete selbst hat man daher auch einen guten Überblick auf die Stadt an der → *Süder-elbe*. Früher wurden von diesem Punkt aus gerne Stadtansichten gemalt. Bis 1905 trug ein dort ansässiges Lokal den passenden Namen „Schöne Aussicht".

Bunker: Zum Schutz vor den Bombenangriffen während des → *Zweiten Weltkriegs* wurden zahlreiche unterirdische und überirdische Bunker in → *Harburg* gebaut. Im → *Phoenix-Viertel* oder auch in → *Wilstorf* an der Rönneburger Straße sind noch Reste davon vorhanden. In → *Heimfeld* gab es ebenfalls eine weit verzweigte unterirdische Anlage, die erst kürzlich wieder freigelegt wurde. Der größte Bunker Harburgs wurde jedoch lange nach dem Zweiten Weltkrieg gebaut. Was wohl nur wenige Harburger ahnen: Die → *S-Bahn*-Station Harburg-Rathaus ist eine gigantische Bunkeranlage, die sogar vor Atombomben schützen soll. Die Eingänge können hermetisch abgeriegelt werden. Unscheinbare Seitentüren in der S-Bahn-Station führen zu etlichen Schlaf- und Waschräumen – komplett ausgestattet mit Generatoren, Filtern und tiefen Brunnen. Allerdings gibt es seit Ende des Kalten Krieges immer weniger Geld für den Zivilschutz. Wie die technischen Geräte genau zu bedienen sind – das weiß heute kaum noch jemand in der zuständigen Harburger → *Bezirksverwaltung*.

Burg: Bevor das → *Harburger Schloss* gebaut wurde, stand auf dem Gelände im heutigen → *Binnenhafen* eine Burg – die Horeburg. Aber auch in → *Rönneburg* stand einmal eine burgähnliche Befestigungsanlage.

Burgberg und Burggraben: Die beiden Straßen in → *Rönneburg* erinnern an die ehemalige Festungsanlage, die oben auf dem Geestrücken gestanden hat.

Buxtehuder Straße: Die „Chaussee" nach Buxtehude wurde 1848 gebaut. Zuvor führte der Postkutschenweg über den → *Schwarzenberg*. Während früher entlang der heutigen Bundesstraße viele prächtige → *Villen* standen, ist die Buxtehuder Straße heute vor allem als vierspuriges Nadelöhr berüchtigt. Statt verzierter Stuckfassaden säumen Tankstellen, Baumärkte und Ähnliches ihren Rand. Nur einige wenige der bevorzugt am südlichen Hügelrand gebauten Häuser lassen die frühere Schönheit dieses Straßenzugs erahnen. Die Buxtehuder Straße wechselt in → *Heimfeld* ihren Namen, heißt dann → *Stader Straße*, und geht ab der Autobahnzufahrt Heimfeld in die Cuxhavener Straße über. Wer von Rotphase zu Rotphase in Richtung Buxtehude fährt, merkt von diesen Namenswechseln aber nichts. Bis Neu Wulmstorf bleibt die Bundesstraße 73 eine eher gesichtslose, von Super- und Baumärkten sowie Fastfood-Restaurants geprägte Ausfallstraße, die für ihr hohes Unfallaufkommen bundesweit bekannt ist.

Geradeaus nach Flensburg, rechts geht's zum Channel Harburg – Straßenschild eingangs der Harburger Schloßstraße.

C

Café Quo: In dem Café der → *Kreuzkirche* finden in unregelmäßigen Abständen kulturelle Veranstaltungen statt. Außerdem ist es während der Semester zweimal in der Woche als Anlaufpunkt für Studenten der → *TU Harburg* geöffnet. Das Café Quo ist von der → *Denickestraße* aus zu erreichen.

Centrumshaus: Der Vorkriegsbau zwischen → *Julius-Ludowieg-Straße* und → *Harburger Ring* fällt vor allem durch seine dunkle Backsteinfassade auf. Im Erdgeschoss findet sich eine Reihe von Geschäften, in den oberen Etagen sind Wohnungen und Arztpraxen. Das Centrumshaus gehört zu den traditionellen Harburg-typischen Bauwerken.

Channel Harburg: Unter diesem Namen haben sich etliche Firmen zusammengetan, die ihren Sitz im → *Binnenhafen* haben. Zum größten Teil kommen diese Unternehmen aus Zukunftsbranchen und sind erst vor einiger Zeit gegründet

Der restaurierte Palmspeicher (links) und die neuen Channel-Gebäude schaffen eine ganz besondere Atmosphäre im Harburger Binnenhafen.

worden. Weit über 1 000 neue Jobs sind so im Binnenhafen entstanden, der sich langsam vom angestaubten Industrierevier zu einem Hightech-Zukunftsgebiet entwickelt und weltweite Beachtung findet. Keimzelle für diese Erfolgsgeschichte, die erst Anfang der 90er-Jahre begonnen hat, ist das erfolgreiche Zusammenspiel des → *MAZ Hamburg*, der → *TU Harburg* und des Investitionsmuts des Harburger Bauunternehmers Arne Weber.

Channel-Gebäude: Die neuen Bürogebäude am → *Westlichen Bahnhofskanal* sind zum Markenzeichen des Hightech-Areals → *Channel Harburg* geworden. Binnen kürzester Zeit baute der Investor und Bauunternehmer Arne Weber (H.C.Hagemann) die vom Architekten Martin Streb gezeichneten Häuser, die sogar einen Hamburger Architekturpreis gewonnen haben. Schon lange vor der jeweiligen Fertigstellung konnte Weber Firmen finden, die die Büros in dem aufstrebenden Gebiet beziehen wollten.

Christuskirche: Die Christuskirche wurde 1947 gebaut, die entsprechende Kirchengemeinde gründete sich als Abspaltung der → *Dreifaltigkeitskirche* jedoch erst 1956. 1977 kam das Ende im Zuge der → *Innenstadtsanierung*. Das Gebäude an der → *Hölertwiete* wurde dem → *Harburger Ring* geopfert, die Gemeinde löste sich vier Jahre später auf und vereinigte sich wieder mit der Dreifaltigkeitsgemeinde.

Cinemaxx-Kino: In den späten 90er-Jahren bauten der Investor Büll & Dr. Liedtke zusammen mit Kino-König Hans-Joachim Flebbe einen modernen Kino-Palast an die → *Wilstorfer Straße*: Das Cinemaxx führte tatsächlich zu einer Belebung der östlichen City, blieb aber hinsichtlich der Besucherzahlen zunächst hinter den Erwartungen zurück. Da kurz nach der Cinemaxx-Eröffnung das traditionelle → *Gloria-Kino* geschlossen wurde, ist das Cinemaxx das einzige → *Kino* Harburgs.

City-Manager: Soll den Harburger Einzelhandel in Schwung bringen, siehe → *Aktionsgemeinschaft*.

Cuxhavener Straße: Teil der Bundesstraße 73 in → *Heimfeld*. Siehe auch → *Buxtehuder Straße*.

D

DaimlerChrysler: Das Mercedes-Werk von DaimlerChrysler in → *Bostelbek* gehört zu den innovativsten Betrieben südlich der Elbe. Allerdings laufen hier keine Autos vom Band. Im Wesentlichen werden Teile, zum Beispiel Lenksäulen und Achsaufhängungen, hergestellt und just-in-time an die großen Werke geliefert, in denen dann tatsächlich neue Autos gebaut werden. Jahrelang geführt und geprägt worden ist das Werk von Dr. Dieter Bobbert, ein begeisterter Vollblut-Ingenieur, der sich unter anderem auch im → *Wirtschaftsverein Harburg-Wilhelmsburg* engagiert.

Dampfschiffsweg: Bis in die 70er-Jahre des 20. Jahrhunderts, als im Hamburger Hafen noch sehr viele Menschen Arbeit fanden, gab es eine feste Fährlinie von → *Harburg* nach Hamburg. Der Dampfschiffsweg im Binnenhafen führt direkt zum Anleger. Heute ist dort ein Startpunkt für Ausflugsbarkassen. Bei den neuen Firmen im → *Binnenhafen* und besonders im Hightech-Areal → *Channel Harburg* gibt es aber Bestrebungen, an die alte Fährtradition wieder anzuknüpfen.

Deichhausweg: Wer den Namen dieser kleinen Straße zwischen der Fußgängerzone → *Lüneburger Straße* und dem → *Rathausplatz* liest, dürfte auf den Gedanken kommen, hier habe mal – weitab von der Elbe – ein Deich gestanden. Doch so sehr hat sich selbst → *Harburg* nicht verändert. Auch wenn nach dem Krieg ganze Viertel abgerissen und neue Straßen angelegt wurden – die Elbe ließen die Stadtplaner unangetastet. Benannt ist die Straße vielmehr nach einem kleinen Teich, der dort lag, wo heute das Rathaus steht. „Deich" heißt auf Niederdeutsch aber nicht nur Deich, sondern auch Teich. Der Deichhausweg verdankt seinen Namen daher wahrscheinlich lediglich einem Übersetzungsfehler.

Dempwolffstraße: Benannt nach Dr. med August Dempwolff (1831 – 1910), der Leiter des Harburger Krankenhauses war.

Denickestraße: Die Straße, die quer über den Campus der → *TU Harburg* führt, wurde 1930 nach dem Harburger Oberbürgermeister Heinrich David Denicke (1856 – 1943) benannt.

Deutsche Bank: Es gab Zeiten, da trafen sich die Harburger im Gasthof zum schwarzen Ross. Dort wurde Harburger Bier getrunken. Dort wurde die Politik diskutiert. Und nach der Schicht traf man sich auf eine Runde Billard. Doch bereits 1910 war damit Schluss. Die Harburger Baufirma August Prien setzte einen Kontrapunkt zum Kneipenleben und baute auf dem Grundstück an der Ecke → *Bremer Straße*/ → *Harburger Rathausstraße* im Auftrag der Hannoverschen

An der Ecke Bremer Straße/Harburger Rathausstraße ist die Filiale der Deutschen Bank standesgemäß in einem markanten Gebäude aus dem Jahr 1910 untergebracht.

Bank ein neues Geschäftshaus, das zugleich einen architektonischen Glanzpunkt darstellte – und zwei Kriege überlebte. Heute ist hier die Filiale der Deutschen Bank untergebracht.

Dreifaltigkeitskirche: Die Dreifaltigkeitskirche an der → *Neuen Straße* ist von den Wurzeln her das älteste Gotteshaus im Harburger Kerngebiet. 1652 wurde sie erbaut und hatte immerhin bis zu 2000 Sitzplätze. Mehr als zwei Jahrhunderte war sie die einzige evangelische Kirche. 1894 wurde die zweite Harburger Stadtkirche eingeweiht: die → *St. Johanniskirche* an der → *Bremer Straße*. Die Dreifaltigkeitskirche bekam im → *Zweiten Weltkrieg* zwei Bombenvolltreffer (1944). Der verbliebene Turm musste aus Sicherheitsgründen gesprengt werden. 1963 wurde die heutige Dreifaltigkeitskirche eingeweiht.

Dresdner Bank: Das 1910 an der → *Lüneburger Straße* gebaute Bankgebäude zeugte lange wie kaum ein anderes Haus in Harburg von dem brutalen Eingriff der → *Innenstadtsanierung* in den 70er-Jahren des 20. Jahrhunderts. Während die Fassade mit ihren Barockelementen zur Lüneburger Straße die florierenden Konjunktur zur Jahrhundertwende spiegelte, bildete der bemalte Abschluss zur jahrzehntelangen Baulücke am → *Harburger Ring* einen brutalen Einschnitt ins Stadtbild. Mit dem Bau des Einkaufszentrums → *Harburg Arcaden* rundet sich nun das Bild wieder.

Dudek-Säule: Der von den Nazis abgesetzte Sozialdemokrat Walter Dudek war der letzte reguläre Harburger → *Bürgermeister*, korrekt sogar Oberbürgermeister. An ihn erinnert die Dudek-Säule an der → *Walter-Dudek-Brücke*. Auch am Umbau der ehemaligen Schwimmhalle am →

Einzelhandel in Harburg: Neue Zentren sollen die Kunden aus dem Umland anlocken.

Rathausplatz ist eine Dudek-Gedenktafel angebracht, weil der spätere Hamburger Finanzsenator den ersten Bäderneubau der Hansestadt nach dem Krieg in besonderer Weise gefördert hatte. Das Gebäude ist heute zur Hälfte Sitz der → *Harburger Anzeiger und Nachrichten*. In der zweiten Hälfte ist eine Anwaltskanzlei untergebracht.

E

Eddelbüttelkamp und Eddelbüttelstraße: Zwei Straßen, ein Name, aber zwei Namensgeber: Der Eddelbüttelkamp in → *Marmstorf* ist nach dem Marmstorfer Gemeindevorsteher Johann Christoph Eddelbüttel (1856 - 1930) benannt. Die Eddelbüttelstraße im → *Phoenix-Viertel* hat ihren Namen indes von dem Harburger Bürgervorsteher Carl Eduard Eddelbüttel (1832 - 1893). Die Eddelbüttelstraße ist heute Adresse der Volkshochschule im → *Harburg Carrée*.

Einkaufszentren: Mehr als zehn Jahre gab es immer wieder Vorstöße von Investoren, in → *Harburg* große Einkaufszentren zu bauen. Die meisten Pläne scheiterten am politischen Widerstand der SPD, die den Einzelhandel in der → *Innenstadt* dadurch gefährdet sah. Erst im Jahr 2000 kam dann der große Durchbruch: Mit den → *Harburg Arcaden* am → *Harburger Rathausplatz* und dem → *Phoenix-Center* an der → *Moorstraße* gab es grünes Licht gleich für zwei neue Konsum-Tempel.

Eisenbahnbauverein: Die 1921 gegründete Baugenossenschaft dürfte der älteste Bauträger Harburgs sein. Die Organisation der Eisenbahner wurde seinerzeit gegründet, um ihren Mitgliedern gesunde und geräumige Wohnungen zu verschaffen. Aktiv war die Genossenschaft vor allem in → *Wilstorf*, wo sie ganze Siedlungen baute. Noch heute ist die Genossenschaft rege und einer reformorientierten → *Architektur* aufgeschlossen.

Eiserner Vogel: Wenn morgens um sechs Uhr der Eiserne Vogel aufgesteckt wird, beginnt in → *Harburg* das → *Vogelschießen* der → *Schützengilde*.

Eißendorf: Harburgs Stadtteil Eißendorf liegt in etwa zwischen → *Denickestraße* und → *Bremer Straße* in einem topografisch sehr lebhaften, hügeligen Gelände. Einzelne Höhen erreichen knapp 100 Meter über Elb-Niveau. Diese Lage und viele Zeugnisse der ehemals dörflichen Struktur machen den Stadtteil zum großen Teil zu einem bevorzugten Wohngebiet, in dem immerhin

22 500 Menschen wohnen. Als Dorf urkundlich erwähnt wurde Eißendorf bereits im 14. Jahrhundert. Bis zu seiner Eingemeindung 1910 war es ein Dorf mit mehr als zehn größeren Bauernhöfen.

Eißendorfer Forst: Das große Waldstück an der → *Autobahn A7* gehört zum Hamburger Staatsforst. Am Vahrendorfer Stadtweg hat → *Harburg* daher sogar eine eigene → *Försterei*, die den Wald betreut. Seit einigen Jahren wird dort nach ökologischen Prinzipien Forstwirtschaft betrieben, so dass Holz aus Eißendorf ein internationales Gütesiegel nachhaltiger Wirtschaft trägt. Der Wald selbst besteht noch zum größten Teil aus schnell wachsenden Nadelbäumen. Allerdings werden im Forst seit vielen Jahren wieder vermehrt Laubbäume wie Buchen angepflanzt, die hier ursprünglich heimisch waren.

Eißendorfer Pferdeweg: Die lange Villenstraße in → *Heimfeld* gehört schon seit jeher zu den ersten Adressen Harburgs. Viele Industrielle der Fabriken im Hafen errichteten hier ihre Prachtbauten. Auch Ex-Verteidigungsminister Volker Rühe (CDU) wohnt hier. Während seiner Amtszeit stand dort ein Polizeicontainer, der sogar noch nach dem Regierungswechsel und dem damit verbundenen Amtsverlust inklusive Container-Abbau für Schlagzeilen sorgte. Ungewöhnlich hohe Telefonrechnungen waren aufgelaufen. Vermutlich hatten sich gelangweilte Beamte mit speziellen Sex-Telefonnummern die Zeit vertrieben, hieß es. Offiziell wurde der Name „Pferdeweg" erst 1911 gewählt, weil die Straße früher der Weg von den Geesthügeln zu den Pferdeweiden im Moor war. Bemerkenswert: Ein Antrag, die Straße „Bismarckstraße" zu nennen, fand in der Industriestadt → *Harburg* seinerzeit keine Mehrheit.

Eißendorfer Straße: Sie ist eine der großen Ausfallstraßen Harburgs und geht im weiteren Verlauf in den Ehestorfer Weg über. Sie führt damit von → *Harburg* zunächst quer durch → *Eißendorf*.

Elbtunnel: Ärgernis für alle Harburger, die täglich vom Süden in den Norden pendeln müssen oder auch nur zum Flughafen Fuhlsbüttel wollen, um Oma abzuholen. Die Staus reichen oft bis weit zurück nach → *Heimfeld*.

Engelbek: Der Engelbek fließt fast parallel zur → *Winsener Straße* durch → *Marmstorf* und → *Sinstorf* und mündet schließlich in den aufgestauten → *Außenmühlenteich*. Früher war der Engelbek ein mäandrierendes Flüsschen – ein Paradies für Insekten, Amphibien und Bisamratten. Dann wurde er teilweise begradigt, und die Natur blieb auf der Strecke. Heute ist er, der Ökologie sei Dank, fast wieder in seinem natürlichen Bett zu finden.

Eros-Bar: Die kleine, dunkle Kneipe an der → *Harburger Schloßstraße* wird oft mit gewissen Etablissements verwechselt. Doch alles ganz harmlos: Eros hieß nur der griechische Wirt mit Vornamen. Die Eros-Bar liegt mitten im → *Channel Harburg*.

F

Faschismus-Mahnmal: Praktisch über dem Tunneleingang zwischen → *Sand* und → *Harburger Rathausplatz* steht seit 1986 das „Harburger Mahnmal gegen Faschismus, Krieg Gewalt – für Frieden und Menschenrechte." Der Künstler

Jochen Gerz baute dazu eine mit Blei ummantelte Säule, auf der die Harburger ihre Unterschrift einritzen konnten. Stück für Stück wurde die beschriebene und teilweise auch bekritzelte Säule in einen Schacht herabgelassen. Mittlerweile ist sie seit einigen Jahren vollständig abgesenkt und nur durch ein Fenster im → *Tunnel* zu sehen. Mit diesem „dynamischen" Mahnmal wollte der Künstler darstellen, dass sich kein Kunstwerk, sondern nur die Menschen selbst gegen Unrecht erheben können.

Faustkämpfer-Statue: Seit 1913 rangeln die beiden schlanken Herren nun schon in → *Harburg*. Etwas versteckt steht dieses von dem Bildhauer Eberhard Encke geschaffene Kunstwerk an der kleinen Stichstraße zwischen dem → *Harburger Rathausplatz* und der → *Knoopstraße*. Die nackten Bronze-Boxer sind ein Geschenk des Harburger Industriellen Arnold Mergell an seine Stadt.

Typisch Binnenhafen: Die Werbung für die kuriose Eros-Bar auf einer Linie mit dem Channel-Harburg- und dem Telekom-Leuchtschild.

Filialisten: Unter diesem Begriff sind alle Einzelhandelsketten zusammengefasst, die in der Harburger → *Innenstadt* präsent sind. Da sich viele dieser Anbieter zwar um gute Umsätze, nicht aber um ein gutes Einzelhandelskonzept bemühen, ist „Filialist" in einschlägigen Kreisen alteingesessener Harburger Geschäftsleute fast zu einem Schimpfwort verkommen. Dabei zeigt die jüngere Vergangenheit: Gerade auch in den Reihen der Filialisten finden sich engagierte Vertreter, denen der Einkaufsstandort → *Harburg* durchaus Zeit und Geld wert ist.

Finanzamt: Eigentlich unterscheidet das Harburger Finanzamt nichts von den Finanzämtern anderer → *Bezirke*. Wer dort arbeitet, will immer nur das eine – das Geld seiner Mitbürger. Das Harburger Amt ist dennoch etwas Besonderes, denn es beherbergt den einzigen Paternoster im Süderelberaum. Eben typisch Finanzamt: Wenn man reinkommt, geht's zunächst bergauf, und wenn man wieder runterkommt, steht man Kopf...

Fischbeker Heide: Das idyllische Naturschutzgebiet zwischen dem Hamburger Staatsforst und dem → *Landkreis Harburg* ist für Harburger ein beliebtes und traditionelles Naherholungsgebiet. Hier gibt es Heideflächen und Wacholder, Wanderwege unter knorrigen Kiefern und sogar Heidschnucken.

Flaggenmann: Der Flaggenmann steht am → *Harburger Ring* auf Höhe des → *Herbert-Wehner-Platzes*. Dort erinnert er an das maritime Element Harburgs und an den ehemaligen → *Bezirksamtsleiter* Michael Ulrich, der ein besonderes Faible für die Kunst hatte und → *Harburg* nicht nur den Flaggenmann, sondern auch neue Spitzen auf dem Rathausdach und den → *Kunst-*

Der Flaggenmann steht am Harburger Ring.

pfad sowie weitere Kunstobjekte bescherte. Darunter übrigens auch das → *Normannische Feld* und den → *Aufrechten Gang*, der– direkt neben dem → *Rathaus* platziert – vermutlich die → *Kommunalpolitiker* dazu animieren soll, niemals den Kopf hängen zu lassen...

Flebbestraße: Die meisten Harburger Straßen sind nach hochrangigen Beamten oder Industriekapitänen der Stadt benannt – die Flebbestraße in → *Wilstorf* zwischen → *Außenmühle* und → *Winsener Straße* macht da eine Ausnahme. Mit ihr wird der in → *Harburg* geborene Maler Fritz Flebbe (1893 – 1929) geehrt. Im Harburger → *Helms-Museum* sind einige Arbeiten von ihm zu sehen. Meist sind das Porträts – von hochrangigen Beamten oder Industriekapitänen.

Flohmarkt: Den größten Flohmarkt veranstaltet alljährlich die Harburger SPD. Ansonsten gibt es im Sommer kaum ein Wochenende, an dem die Trödler nicht auf Achse sind.

Försterei: Harburg besitzt drei Forstbereiche. Die → *Eißendorfer Försterei* betreut den Staatsforst Hamburg in → *Eißendorf*. Das Waldgebiet liegt jedoch zwischen → *Heimfeld* und Hausbruch. Die so genannte → *Haake* wird von der Försterei Hausbruch gepflegt. Teile des Harburger Waldes gehören auch dem Bund.

Frauenkultur: Ein Hort der Emanzipation ist das Frauenkulturhaus in der → *Neuen Straße*. Dank großzügiger Spenden betuchter Herren und einer behördlichen Geldspritze konnte das marode → *Kanzlershaus* saniert werden. Dort gibt es nun eine männerfreie Zone, in der frau endlich durchatmen kann. Wie das geht, erfahren die Harburgerinnen unter anderem in einschlägigen Kursen, bei denen es wie bei der Hamburger Ulknudel Marlene Jaschke natürlich ums Atmen geht. Atmen für Frauen, versteht sich...

Freikirchen: Freikirchen haben in → *Harburg* eine lange Tradition. Zu den bekanntesten Vertretern zählen die → *Baptisten* (Evangelisch-Freikirchliche Gemeinde) und die → *Methodisten*. Darüber hinaus gibt es unter anderem die Neuapostolische Kirche mit mehreren Gemeinden,

Der Harburger liebstes Hobby: Flohmärkte finden die ganze Sommersaison über statt.

eine Freie Christengemeinde (Pfingstbund), die Adventisten, die Vineyard-Gemeinde und die kleine Apostolische Gemeinde (Urchristliche Mission) im → *Phoenix-Viertel*. Entstanden sind diese evangelisch geprägten Strömungen zum Teil aus der Täuferbewegung, aber auch aus aktuellen Reformentwicklungen innerhalb der Landeskirche (Anskar-Kirche).

Freilichtbühne: An einem Hang nahe des → *Außenmühlenteichs* ist im Harburger → *Stadtpark* ein wunderschönes Theater unter freiem Himmel angelegt worden. Große Bäume und Hecken begrenzen den Veranstaltungsplatz, der gelegentlich für Konzerte und kirchliche Veranstaltungen genutzt wird.

Friedrich-Ebert-Halle: Ob → *Theater*, Konzerte, Schulaufführungen oder auch nur die schlichte Begrüßung eines Schuldirektors, der zu neuen Pennälern und deren Eltern spricht – die Friedrich-Ebert-Halle in → *Heimfeld* ist *der* Harburger Ort, an dem man sich versammelt, wenn viele Menschen erwartet werden. Die Halle verfügt über rund 1100 Plätze und eine hervorragende Akustik. Anfang der 60er-Jahre spielten hier sogar die Beatles, die damals allerdings noch Beat-Brothers hießen. Gemeinsam mit Tony Sheridan nahmen sie den späteren Hit „My Bonnie" auf, eine Produktion von Bert Kaempfert. Die Halle gehört als Aula direkt zum Friedrich-Ebert-Gymnasium.
Die 1912/30 gebaute Veranstaltungshalle gilt als klassisches Beispiel für die so genannte Reform-Architekur der Weimarer Republik. Das damals größte öffentliche Bauwerk der jungen Großstadt Harburg- → *Wilhelmsburg* sollte dem Allgemeinwohl dienen und „eine Kulturstätte für die ganze Bürgerschaft sein", wie es Harburgs letzter Oberbürgermeister Walter Dudek formulierte.

Die Friedrich-Ebert-Halle in Heimfeld beeindruckt durch ihre Architektur und die gute Akustik.

Fünfte Jahreszeit: Sie herrscht, wenn in → *Harburg* das → *Vogelschießen* beginnt. Eine gute Woche lang hat dann die → *Schützengilde* das Sagen.

G

Gastronomie: Die Kneipen- und Restaurantszene konzentriert sich – abgesehen von kleinen Stadtteil-Highlights – in jüngster Zeit auf zwei Viertel: Da ist zum einen die → *Lämmertwiete* mit ihren vielen Fachwerkhäusern, in denen Kneipen und Restaurants untergebracht sind. Vom „Griechen" bis zum „Brasilianer" sind dort allerlei gastronomische Angebote vorhanden. Die Straße gilt als *die* Ausgehmeile Harburgs, wo an Sommerabenden auch eine tolle Biergarten-Atmosphäre aufkommt. Ein weiterer Schwerpunkt wird immer mehr der → *Binnenhafen*. Das „Vitalia" gleich am Eingang bietet schmackhafte Gerichte mit Bioprodukten. → *Kalligas* ist der Grieche im Viertel. Das Fischrestaurant → *Marinas* adelt den Hafen mit einem Michelin-Stern. Der → *Palmspeicher* bietet auch Disco und Veranstaltungen. Und der historische → *Goldene Engel* nimmt gerade wieder einen neuen Anlauf, um in den gastronomischen Himmel über Harburg abzuheben.

Gazertstraße: Die Straße zwischen → *Alter Postweg* und → *Eißendorfer Straße* erinnert an einen außergewöhnlich sozial engagierten Arzt. Dr. med. Ludolph Friedrich Gazert (1813 – 1892) war zunächst Armenarzt in → *Harburg*. Und er war der Chef des ersten Harburger Krankenhauses, das sich anfangs nur aus Spenden finanzierte.

Gellersenweg: Der vom Ehestorfer Weg in → *Eißendorf* abzweigende Weg erinnert an den 1962 verstorbenen Rektor der Eißendorfer Volksschule Carl Wilhelm Gellersen. Der Naturwissenschaftler erforschte Fauna und Flora rund um die → *Außenmühle* und war maßgeblich an der Anlage des Schulgartens im → *Stadtpark* beteiligt.

Geographie: Mitten durch Harburg verläuft die Trennlinie von Marsch und Geest. Südlich der Bahnlinie und der B73 erhebt sich die Geestlandschaft; eine sandig, tonige Hügellandschaft, die die vorletzte Eiszeit dort geschaffen hat. Geest geht auf den plattdeutschen Namen Güst zurück, der die relative Unfruchtbarkeit des Bodens bezeichnet. Landwirtschaft war dort früher nur in bescheidenem Umfang möglich. Wegen der lebhaften Topographie zählen die südlichen Hügel Harburgs heute aber zu bevorzugten Wohngebieten. Die Marschen im Urstromtal der Elbe waren dagegen seit jeher viel fruchtbarer und geeigneter für die Landwirtschaft. Grund ist die Ablagerung vieler Schwemmstoffe im abströmenden Gletscherwasser.

Gesamtschule: Als Brückenschlag zwischen Kaiserzeit und Gegenwart kann der Standort der Gesamtschule Harburg gesehen werden. Sie residiert in einem Gebäude an der → *Eißendorfer Straße*, das bereits 1876 als Realschule eingeweiht wurde. Es folgte eine wechselvolle Geschichte verschiedener Schulformen. 1940 diente das Gebäude schließlich sogar als Hilfskrankenhaus. 1979 wurde die Gesamtschule in → *Harburg* eröffnet, die alle Schulformen unter einem Dach vereint und sich im Werben um Schüler vor allem mit den Harburger Gymnasien messen muss.

Gesundheits- und Umweltamt: Das Gebäude → *Am Irrgarten* 3-9 ist ein typischer 50er-Jahre-Bau: Klare Linien und feine Säulen weisen ihn bei Denkmalschützern sogar als besonders gutes Beispiel für die so genannte Nachkriegsmoderne aus. Bemerkenswert: Das Haus ist 1956 nach eigenen Plänen des bezirklichen Bauamts errichtet worden. Das Gesundheitsamt steht im Übrigen auf dem Gelände des ehemaligen Krankenhauses, das 1875 in der Straße Am Irrgarten gebaut worden war. In den 80er-Jahren des 20. Jahrhunderts wurden die alten Krankenhausgebäude jedoch abgerissen, um dort die → *TU Harburg* neu zu bauen. Heute hat → *Harburg* mit dem → *Allgemeinen Krankenhaus Harburg* am → *Eißendorfer Pferdeweg* und dem → *Mariahilf* an der → *Buxtehuder Straße* zwei große Kliniken.
Das Gesundheits- und Umweltamt ist unter anderem für die Mütterberatung, den Jugendpsychiatrischen Dienst sowie vorbeugende Seuchenbekämpfung und Gesundheitsschutz zuständig. Auch das Veterinäramt gehört mittlerweile zum Gesundheitsamt.

Gloria-Kino: Der 1931 von dem Harburger Architekten Eugen Schnell gezeichnete Ziegelbau

Eines der ältesten noch erhaltenen Gebäude Harburgs beheimatete den Goldenen Engel, eine historische Gaststätte. Verschiedenen Betreibern gelang der wirtschaftliche Durchbruch jedoch bislang nicht.

war viele Jahrzehnte das erste → *Kino* der Stadt. Gloria-Palast nannte es sich daher auch selbstbewusst. Besonders charakteristisch ist die zu einem Bogen geformte Front an der Fußgängerzone → *Lüneburger Straße*. Früher gab es dort noch einen großen Platz, der allerdings der → *Innenstadtsanierung* zum Opfer gefallen ist.
Auch nach dem Kino-Sterben in → *Harburg* blieb das Gloria bis in die späten 90er-Jahre des 20. Jahrhunderts erhalten. Von einem Palast war allerdings nicht mehr viel übrig geblieben. Der Kino-Konzern Ufa betrieb dort ein typisches Schachtelkino, die großen Säle waren verkleinert worden. Zuletzt versprühte das Gloria zudem den sanften Charme des nahen Untergangs. Investiert wurde so gut wie nichts mehr. Das lag auch an den Plänen für ein neues Multiplexkino, das die Ufa gegenüber dem → *Harburg Carrée* bauen wollte. Doch Hamburgs Kinokönig Hans-Joachim Flebbe machte das Rennen und baute in unmittelbarer Nähe das → *Cinemaxx*. Die Ufa zog sich daraufhin zurück und gab das Gloria auf, das dann noch einmal einen Riesen-Besucheransturm erlebte, als die Harburger für günstiges Geld die Inneneinrichtung selbst herausschrauben und mitnehmen durften.

Göhlbachtal: „De Göhl" ist ein von Niederschlägen abhängiger Zufluss des Lohmühlenteichs. Göhlbachtal heißt heute zum einen die gleichnamige Straße, die eine Weiterführung der Hastedtstraße ist. Zum anderen meint Göhlbachtal auch den Park- und Grünbereich, der zwischen → *Bremer Straße*, → *Neuem Friedhof* und dem Zentrum liegt. Das Tal wird geprägt durch feuchte Wiesen und den so genannten Ütschendiek – eine plattdeutsche Bezeichnung für Krötenteich. An das Gewässer schließt sich der → *Hastedtplatz* an.

Goldene Wiege: Gäbe es einen Preis für den schönsten Straßennamen Harburgs, diese kleine Straße in → *Eißendorf* hätte ihn verdient. Dabei beruht der Name auf einer traurigen Legende: Eine Bauerstochter soll sich dort mit einem jungen Edelmann häufig heimlich getroffen und geliebt haben. Als das Mädchen ein Kind erwartete, soll der Adlige ihr deutlich gemacht haben, dass er so reich sei, dass er für das Kind eine goldene Wiege bauen lassen könnte. Kurz nach der Geburt stand vor der Tür des Bauern tatsächlich eine goldene Wiege. Für die Frau war es das Zeichen, dass sie von ihrem Liebhaber sitzen gelassen worden war. Wenig später starben sie und das Kind. Der Vater soll der Legende zufolge beide zusammen mit der goldenen Wiege begraben haben. 1936 wurde von dem Harburger Archäologen Willi Wegewitz bei einem Hünengrab eine weitere Grabstätte aus der Bronzezeit entdeckt. In Baumsärgen waren Mutter und Kind beigesetzt worden. Eine goldene Wiege wurde allerdings nicht gefunden.

Goldener Engel: Diese Traditions-Gaststätte an der → *Harburger Schloßstraße* gab es – in anderer Form – bereits im 19. Jahrhundert. Das gut 300 Jahre alte Fachwerkgebäude Schloßstraße 9 gilt daher als ein typisches Beispiel der früheren Bebauung Harburgs, das dort seine Keimzelle hatte. Die heutige Gaststätte Goldener Engel war in das restaurierte Haus nach alter Tradition als Brauerei-Kneipe eingezogen. Doch das Konzept zog nicht oder war zu früh: Der Pächter hielt nicht durch, weil zu wenig Besucher kamen. Der bekannte Harburger Szene-Gastwirt Heiko Hornbacher versucht einen Neustart und setzt auf den plötzlichen Boom im → *Binnenhafen*.

Goldtschmidtstraße: Diese kleine Straße hat es in → *Harburg* doch zu einem beachtlichen Bekanntheitsgrad gebracht. Und zwar aus zwei völlig unterschiedlichen Gründen. Zum einen dürfte kein anderer Harburger Straßenname häufiger falsch geschrieben werden. Selbst auf halboffizielle Stadtpläne ist da kein Verlass. Grund ist meist das „t" nach dem „d" im goldigen Anfang. Oft heißt die Straße auch nur Goldschmiedstraße. Dabei wurde sie 1952 nach Marcus Goldtschmidt benannt, der von 1569 bis 1571 → *Bürgermeister* in Harburg gewesen war. Er gilt bei Historikern als Begründer des Harburger Grundbuches.
Bekannt ist die Straße jedoch nicht nur wegen des berüchtigten „t" im Namen. Vielen ist sie auch als „Harburger Rausschmiss" in Erinnerung. Denn genau dort, wo die Goldtschmidtstraße in den Ring führt, war lange Zeit Schluss mit lustig für Autofahrer, die sich in die verwirrende Verkehrsführung der → *Innenstadt* gewagt hatten. Wer nach Parkplätzen suchend den → *Harburger Ring* befuhr, um in Harburgs City einkaufen zu können, erlebte an der Kreuzung eine böse Überraschung. Statt weiter durch die Innenstadt zu fahren, musste er hier zwangsweise abbiegen und landete wieder auf der Bundesstraße. Manche Umlandbewohner dürften dann lieber gleich weiter nach Hamburg gefahren sein. Erst in den späten 90er-Jahren änderten SPD und GAL diese Regelung auf Druck der Geschäftsleute.

Auch das ist Harburg: Graffiti und Schmierereien an der Wand verunzieren das Stadtbild.

Gordonstraße: Die Gordonstraße in einem neueren Wohngebiet in → *Langenbek* ist wie eine Reihe weiterer angrenzender Straßen 1988 benannt worden. Sie tragen die Namen von NS-Opfern. Alfred Gordon (1886 – 1941) war beispielsweise Prediger der jüdischen Gemeinde in → *Harburg*.

Graffiti: Beliebter Sport der Harburger Spühfarben-Szene. Allerdings ist nicht alles Murks, was da an die Wände geschmiert wird. Um derartiges Treiben zu unterbinden, ließ die katholische Kirche die Wand ihres Gemeindehauses in der → *Marienstraße* mit einer Unterwasserlandschaft verzieren – natürlich von professionellen Sprayern.

Großer Schippsee: Heute ist der Große Schippsee eine kleinere Einkaufsstraße, früher war er ein Hauptweg zur → *Innenstadt*, die viele Jahrhunderte im → *Binnenhafen* lag. Der Große Schippsee führte im Mittelalter zum → *Lüneburger Tor*, der Stadtbefestigung. Hier lag ein im 17. Jahrhundert neu besiedeltes Gebiet, als → *Harburg* über die Geestrandgrenze (entspricht heute in etwa der → *Buxtehuder Straße*) hinauswuchs. Der Name Schippsee entspricht einer alten Flurbezeichnung, die als „Schepesee" das Areal zwischen → *Schloßmühlendamm* und einem weiten Ackergelände im Osten bezeichnete.

Groß-Hamburg-Gesetz: Das unter den Nazis am 26. Januar 1937 verabschiedete Groß-Hamburg-Gesetz beendete die Eigenständigkeit der bis dahin niedersächsischen Großstadt Harburg- → *Wilhelmsburg*. Mit Wirkung vom 1. April 1938 wurde eine Reihe von Gemeinden und auch Städten zur Einheitsgemeinde Hamburg zusammengeschlossen. → *Harburg*, seit 1927 Doppelstadt mit Wilhelmsburg, wurde zu einem einfachen Stadtteil. 1949 wurden dann zwar wieder eigene → *Bezirke* in Hamburg geschaffen, doch wirkliche Eigenständigkeit erhielt Harburg nicht zurück.

Großmoorbogen und Großmoordamm: An beiden Straßen liegt östlich der → *Innenstadt* ein großes Gewerbegebiet mit Baumärkten, Zulassungsstelle, TÜV, Musikmärkten und seit neuestem auch einem großen Fahrrad- und Outdoor-Center.

Grumbrechtstraße: Die Heimfelder Straße ehrt mit ihrem Namen den ehemaligen Harburger Oberbürgermeister Wilhelm August Grumbrecht (1811 – 1883), der ein liberaler Revolutionär und Jurist im Königreich Hannover war. 1848 gehörte er der Frankfurter Nationalversammlung an. Später war er Reichstagsabgeordneter der nationalliberalen Partei.

Gut Moor: Der Stadtteil Gut Moor erinnert an ein ehemaliges, freies Gut, das mitten im Moor seit dem frühen 17. Jahrhundert bewirtschaftet wurde. 1910 wurde es jedoch verkauft, um auf den ehemaligen Domänenflächen den Rangierbahnhof zu bauen. Weil seinerzeit auch das Herrenhaus des Guts abgerissen wurde, ist davon heute nicht mehr viel zu sehen. Lediglich die Höfe der rund 250 Einwohner zeugen von der landwirtschaftlichen Nutzung des Bodens in Gut Moor, das 1937 zu → *Harburg* kam.

H

Haake: Das hügelige Waldgelände westlich von → *Heimfeld* und A7 heißt Haake. Es ist Teil des Hamburger → *Staatsforstes*.

Hafen Campus: Dieses aufwändige Projekt stammt aus der Feder von Jochen Winand, der als Projektentwickler im Auftrag der Bahn die brach liegenden Flächen auf der → *Bahnhofsinsel* bis hin zum → *Schellerdamm* überplante. Neue Unternehmen, Institute, Wohnen und Wandeln am → *Östlichen Bahnhofskanal*, Hightech allerorten – die Bahn war begeistert und beschloss, das Projekt ohne Winand in Eigenregie zu vermarkten. Ein städtebaulicher Wettbewerb fand zwar noch statt, doch dann lagen die Pläne wie das Gelände weiterhin brach. Winand ist auch Vorsitzender des → *Wirtschaftsvereins Harburg-Wilhelmsburg*.

Konkurrenz oder Symbiose? Die Spielbank Harburg hat gegenüber der Hamburger Bank am Lüneburger Tor Stellung bezogen.

Hamburger Bank: Die Hamburger Bank ist eigentlich eine Harburger „Erfindung". Sie residiert in einem hübschen Altbau am → *Lüneburger Tor*, hat aber die Zentrale aus → *Image*-Gründen in die Hamburger Innenstadt verlegt. Sicherlich ein Zufall: Genau gegenüber des historischen Gebäudes in → *Harburg* liegt die → *Spielbank*.

Hannoversche Straße: Wer schon immer einmal seine Autoreifen loswerden wollte, ist hier richtig. An der wenig anheimelnden Straße zwischen → *Binnenhafen* und → *Bahnhofsinsel* sind teilabgewrackte Pkw ein typisches Bild. Zwischen zwei Industriebrachen gelegen, fühlen sich Automarder dort offensichtlich ungestört. Um so netter, dass selbst die Polizei die Plünderer früher mit Nachschub zu versorgen pflegte. An der Hannoverschen Straße wurden die abgeschleppten Autos von Falschparkern deponiert.

Hans-Dewitz-Ring: Die relativ neue Straße ist im Heimfelder Neubaugebiet → *Scharnhorsthöhe* zu finden. Benannt ist sie nach dem mittlerweile verstorbenen ehemaligen Harburger → *Bezirksamtsleiter* Hans Dewitz.

Harburg: Der Name Harburg leitet sich von der ursprünglichen Festung „Horeburg" ab, was ungefähr soviel wie Burg im Sumpf heißt. Später wurde daraus ein Schloss und die Keimzelle der Stadt Harburg. Seit dem → *Groß-Hamburg-Gesetz* von 1937 ist die ehemalige niedersächsische Großstadt allerdings nur noch ein Hamburger → *Bezirk*. Mit Ausnahme der Elbinsel Finkenwerder, die zum Bezirk Mitte gehört, zählt von → *Wilhelmsburg* bis Sandbek und Cranz das gesamte Hamburger Stadtgebiet südlich der Elbe zum Bezirk Harburg. Damit ist Harburg zwar der flächengrößte, wegen der vielen Freiflächen aber einer der bevölkerungsärmsten Bezirke. Rund 200 000 Menschen leben in dem Gebiet, davon etwa 100 000 im eigentlichen Harburg und seinen Stadtteilen wie → *Heimfeld*, → *Eißendorf* oder → *Marmstorf*.

Harburger Anzeigen und Nachrichten: Am → *Harburger Rathausplatz* hat die älteste noch erscheinende Tageszeitung Hamburgs ihr Domizil in der ehemaligen → *Schwimmhalle* gefunden: die Harburger Anzeigen und Nachrichten. Die erste Ausgabe erschien am 5. Oktober 1844. Herausgeber und Verleger der „Harburger Anzeigen", wie sie zunächst hießen, war C. Hergeröder, der am → *Sand* eine kleine Druckerei betrieb. Die lange Tradition der Zeitung, die unter dem Geheimen Kommerzienrat Georg Lühmann (siehe auch → *Lühmannstraße*) und anschließend unter Regie der Familie Schröter zur vollen Blüte entwickelt wurde, spiegelt sich bis heute in der Berichterstattung wider. So erscheinen die HAN sowohl in der ehemaligen Stadt → *Harburg* mit → *Wilhelmsburg* und Finkenwerder als auch im angrenzenden → *Landkreis Harburg*, der 1938 nach der Umsetzung des → *Groß-Hamburg-Gesetzes* in Niedersachsen verblieb.

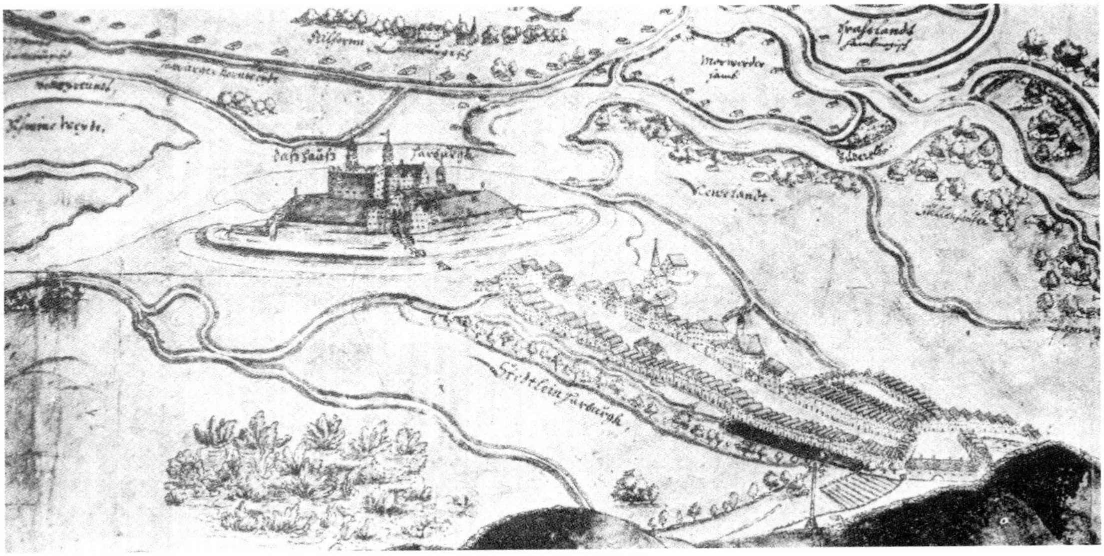

Diese historische Darstellung aus dem 17. Jahrhundert zeigt das Harburger Schloss als Festung am südlichen Ufer der Elbe, die sich damals allerdings eher als vielarmiges Flusssystem präsentierte.

Harburg Arcaden: Lange standen nur eine einsame, aber sehr geschätzte Wurstbude und ein Tabakgeschäft auf der freien Fläche zwischen → *Rathausplatz* und → *Harburger Ring*. Immer wieder sollte diese letzte große Kriegslücke Harburgs mit einem Einkaufszentrum bebaut werden. Doch etliche Anläufe scheiterten, und zwischenzeitlich wandten sich die Investoren verstärkt dem Osten Deutschlands zu. Im Jahr 2000 kam dann Bewegung in die Sache. Ein Essener Projektentwickler legte Pläne für ein 40 000 Quadratmeter großes Einkaufsparadies vor. Allerdings: Die Alte → *Post* wurde abgerissen. Nur eine originalgetreue Fassade soll an das Gebäude erinnern, das rund 110 Jahre in → *Harburg* stand. Die Harburger → *Kommunalpolitiker* schluckten diese Kröte jedoch, weil sie sich von dem Arcaden-Zentrum mit seinen 65 Geschäften erhoffen, dass es wieder Kunden aus dem Umland nach → *Harburg* lockt und die ehemalige Stadt ihre alte Bedeutung wiedererlangt.

Harburg Carrée: Der mondäne Name tröstet ein wenig angesichts des stadtplanerischen Flops, den sich → *Harburg* mit diesem Ziegelbau an der → *Wilstorfer Straße* zunächst geleistet hatte. Ursprünglich sollte das Carrée nämlich ein lebendiges → *Einkaufszentrum* werden, das den östlichen Teil der Innenstadt wieder beleben sollte. Doch das Konzept scheiterte. Stattdessen wurde der Bau in den 90er-Jahren nur möglich, weil dort geförderte Sozialwohnungen und öffentliche Einrichtungen wie Volkshochschule und → *Bücherhalle* gebaut wurden. Mit dem Vermieten der Ladenflächen hatte der Investor Büll&Dr.Liedtke aber jahrelang nur wenig Freude. Erst mit dem Bau des → *Cinemaxx-Kinos* auf der anderen Straßenseite und dem Einzug eines großen Fitness-Studios kam tatsächlich mehr Leben in diese Ecke der Stadt.

Harburg Center: Ende der 70er-Jahre rollte eine nicht enden wollende Staublawine durch → *Harburg*. Im Zuge der → *Innenstadtsanierung*

Vor rund 100 Jahren wurde der Harburger Bahnhof gebaut. Heute ist er – restauriert und modernisiert – Haltepunkt für die Regional- und Fernzüge.

und dem damit einhergehenden Bau der → *S-Bahn* fielen ganze Stadtviertel der Abrissbirne zum Opfer. Und es wurde Platz für Neues geschaffen. Ein Beispiel für die neue Harburger Architektur ist das Harburg Center am → *Harburger Ring*. Das kombinierte Park- und Geschäftshaus galt allerdings von Anfang an als Sorgenkind. Die Randlage zur Innenstadt machte es schwierig, die Ladenflächen zu vermieten. Von Bestand ist immerhin die Therme im Obergeschoss, ein Pionierunternehmen der Wellness- und Fitnesswelle.

Harburger Bahnhof: Keine Frage, Hamburg hat nur einen Hauptbahnhof – und der liegt im Zentrum der Hansestadt. Vor etwa 100 Jahren, als → *Harburg* noch eine eigenständige Stadt war und den Süderelberaum fest im Griff hatte, war das anders. Damals wurde ein neuer Bahnhof gebaut, und der hieß ebenfalls Hauptbahnhof. Auf alten Postkarten ist dies so vermerkt. Heute erinnert der markante Bau mit seinen romanischen und gotischen Formen an eben diese Glanzzeit, als die selbstständigen Harburger noch ein Eigenleben im besten Sinne führten. Im modernisierten alten Harburger Bahnhof gegenüber der → *Phoenix* halten heute die Regional- und Fernzüge. Einen direkten Zugang gibt es zur → *S-Bahn*.

Harburger Berge: Der über die Grenzen von Harburg bekannte Höhenzug, der unmittelbar südlich an der Bundesstraße 73 bis zu 120 Meter hoch aufragt, ist eine Hinterlassenschaft der Saaleeiszeit. Diese vorletzte nordeuropäische Vereisung brachte Gletscher bis kurz vor die Elbe. Ihnen vorgelagert waren so genannte Endmoränen: Mächtige Sandmassen, die die einzelnen Gletscherzungen vor sich her schoben. Bei ihrem Rückzug nach beginnender Erwärmung (etwa 180 000 vor Christus) blieben diese Sandhügel zurück. Während der nachfolgenden Vereisung, die im heutigen Schleswig-Holstein zum Stoppen kam, lagen diese Sandhügel in einer kalten Tundra-Landschaft. Der Boden war wie im heutigen Alaska dauerhaft gefroren. Nur während des Sommers tauten die oberen Schichten auf und rutschten auf dem harten Untergrund langsam talwärts. Das erklärt den sanfteren Schwung der Harburger Berge etwa im Gegensatz zu den markanteren Hügelformen der Holsteinischen Schweiz. Die Harburger Berge sind heute ein beliebtes Naherholungsgebiet, im Winter gibt's dort die besten Rodelpisten der Region.

Harburger Rathausplatz: Vor 1950 hieß die Fläche vor dem Harburger Rathaus „Bassinplatz", weil dort ein kleiner Teich zu einem festen Bassin umgebaut worden war. Lange Zeit war der Rathausplatz einer der zentralsten und repräsentativsten Orte Harburgs: Eingerahmt zwischen → *Rathaus*, der → *Schwimmhalle* und der Alten → *Post* lag dort auch ein zentraler Busbahnhof. Zwar wurde der Platz in den 80er-Jahren noch einmal mit neuen Grünanlagen verschönert, aber seinen guten Ruf verlor er langsam. Nach einer umfangreichen Verkehrsberuhigung geriet der Rathausplatz immer mehr in den Ruf eines Treffpunkts für „Randständige", wie es nach der offiziellen Sprachverschleierung der Stadt heißt. Hier wird offen mit Drogen gedealt. Und ältere Harburger trauen sich an alkoholisierten Gruppen verschiedenster Herkunft nicht mehr vorbei, was als mangelndes „subjektives Sicherheitsempfinden" bezeichnet wurde. Mehrfach gab es Auseinandersetzungen um den Platz und zahlreiche Bemühungen, andere Treffpunkte für Trinker und Junkies zu finden. Oft, meist vor Wahlen, sorgte eine starke Polizeipräsenz für Ruhe. Erst mit der Belebung durch das neue → *Einkaufszentrum* mit dem viel versprechenden Namen → *Harburg Arcaden* samt Café könnte sich das angekratzte → *Image* verbessern. Der Platz hätte es verdient: Unter den mächtigen Bäumen abseits vom Verkehrslärm lässt es sich hier wunderbar eine Weile von der Hektik der Stadt ausruhen.

Harburger Rathausstraße: Direkt am → *Harburger Rathausplatz* liegt die Harburger Rathausstraße. Doch Rathausstraße hieß der Straßenzug schon, als es das 1892 fertig gestellte → *Rathaus* noch gar nicht gab. Vielmehr bezeichnete die Straße die Richtung zum Rathaus-Vorgänger, der am → *Sand* stand – und zwar etwa dort, wo heute die → *Sparkasse Harburg-Buxtehude* ihr Hauptquartier besitzt.

Harburger Ring: Sie gilt als berüchtigste Straße Harburgs und ungeliebte Hinterlassenschaft der → *Stadtplanung*, wie sie in den 70er-Jahren beliebt war. Für den S-Bahn-Bau wurde seinerzeit eine breite Schneise in die Stadt geschlagen, für die etliche alte Häuser abgerissen werden mussten. Auf der oberirdischen Trasse der → *S-Bahn* wurde dann eine breite Ringstraße in die → *Innenstadt* gebaut. Die Fußgänger wurden in → *Tunnel* verbannt. In den 90er-Jahren gab es dann eine Neuorientierung: Statt eine autogerechte Stadt anzulegen, verfiel die Planung diesmal eher ins andere Extrem. Der Ring wurde schmaler, die Fußwege wurden enorm breit – aber Autofahrer, die nur gelegentlich nach → *Harburg* kamen, fanden sich kaum noch zu-

Rund um die Harburger Schloßstraße entwickelt sich zurzeit der Hightech-Standort Channel Harburg.

recht. Dazu trug auch ein hoch gelobtes, aber leider verwirrendes → *Parkleitsystem* bei.

Harburger Schloßstraße: Dass hier die eigentliche Keimzelle Harburgs liegt, dürfte auf den ersten Blick ein wenig verwundern. Denn selbst bei den neuen Bürobauten, die dort in jüngster Zeit gebaut wurden, hatten die Baufirmen mit technischen Problemen zu kämpfen. Der moorige Boden ist nämlich alles andere als ein idealer Baugrund. Und doch haben Archäologen des → *Helms-Museums* bei umfangreichen Ausgrabungen viele Spuren der Besiedelung entdeckt, die bis ins 13. Jahrhundert reichen. Also haben schon damals die Menschen dort trotz widriger Bedingungen gebaut. Warum nur? Das Team von Chef-Archäologin Elke Först hat da eine Antwort gefunden. Wie der Straßenname schon andeutet, führt der Weg zu einem → *Schloss*, das im 12. Jahrhundert noch eine Festung und später eine Burg gewesen war. Kaufleute und Handwerker, die sich in der Nähe niederließen, bezogen ihre Geschäfte auf dieses kleine Zentrum. Ihnen war es wichtiger, einen Geschäftssitz in der Nähe der Burg oder des Schlosses zu haben, als auf einem idealeren Boden zu gründen. Im Laufe der Jahrhunderte wuchs die Schloßstraße förmlich um zwei Meter hoch aus dem Moor heraus. Grund: Generation für Generation baute praktisch auf den Resten der Häuser ihrer Vorfahren.
Der Weg zum Schloss wurde die wichtigste Straße Harburgs, an der lange auch das Rathaus stand.

Mit der → *Industrialisierung* Mitte des 19. Jahrhunderts veränderte der Straßenzug aber langsam sein Gesicht. Er wurde zum Industrie- und Hafenrevier. Als jedoch nach dem → *Zweiten Weltkrieg* die Seeschiffe immer größer wurden und in der Folge auch der → *Binnenhafen* ins Abseits rückte, gab es abermals einen Wandel an der Schloßstraße zu beobachten. Die industrielle Bedeutung verlor an Gewicht, kleines Gewerbe und sogar Leerstände folgten. Bis die Straße in den 90er-Jahren des 20. Jahrhunderts wieder eine Revolution erlebte. Sie wurde zum Zentrum neuer Hightech-Betriebe, die sich dort in einem Areal rund um das innovative und von Hamburg initiierte Mikroelektronik-Anwendungszentrum (→ *MAZ*) ansiedeln, das heute in Anlehnung an neue Kommunikations- und alte Hafenkanäle als → *Channel Harburg* bezeichnet wird.

Harburg-Logo: Das offizielle Harburg-Logo zeigt zwischen zwei senkrechten Strichen vier Wellen. Sie sollen die Bögen der → *Alten Elbbrücke* darstellen.

Symbolischer Brückenschlag: das Harburg-Logo.

Harburg-Wilhelmsburg: Nur wenige Jahre von 1927 bis 1933 konnten sich die Harburger neben Hamburg ebenfalls als Großstädter fühlen. Zusammen mit den damals rund 35 000 Wilhelmsburgern wurde bei dem Zusammenschluss zu Harburg-Wilhelmsburg eine fast 120 000 Einwohner zählende Stadt geschaffen. Zuvor war → *Wilhelmsburg* nicht Teil Hamburgs, sondern eine Stadt im niedersächsischen → *Landkreis Harburg*. 1937 beendete dann das → *Groß Hamburg-Gesetz* die Eigenständigkeit der Doppelstadt an der → *Süderelbe*.

Hastedtplatz und Hastedtstraße: Benannt nach dem → *Brauerei*-Besitzer und Harburger Senator Wilhelm Hastedt (1835 – 1904). Die Familie Hastedt besaß mit dem Weinhändler Richard Hastedt (1857 – 1939) noch einen weiteren Senator, die Familie machte sich zudem als Stifterin für viele gemeinnützige Zwecke einen Namen in der Stadt.

Heimfeld: Kaum ein anderer Stadtteil hat ein so zwiespältiges Image wie Heimfeld ganz im Westen Harburgs. Rund 18 500 Menschen leben dort zwischen → *Buxtehuder Straße*, → *Staatsforst* und → *Eißendorf*. Und sie wohnen höchst unterschiedlich: Der westliche Teil mit seinen bewaldeten Hügeln gilt seit dem 19. Jahrhundert als bevorzugter Wohnort wohlhabender Harburger. Ein ganzes → *Villen*-Viertel zeugt noch heute davon. Anders die Quartiere nahe der → *Innenstadt*. → *Heimfeld-Nord* war schon immer Arbeiterwohngebiet und Synonym für beengte Wohnverhältnisse. Heute ist das Areal weit gehend saniert.

Besiedelt sind die sandigen Hügel Heimfelds im Übrigen seit der Bronzezeit. Die Gemeinde selbst entstand, als 1545 unter der Herrschaft von →

Herzog Otto I. einige Bauernhöfe als so genanntes Vorwerk zur Festung im Moor angelegt worden waren. Doch richtig prosperiert hat die dörfliche Siedlung nie, weil der Boden nur wenig Nährstoffe speichert. Dagegen wurde Heimfeld mit Beginn der → *Industrialisierung* wegen seiner gleichzeitigen Nähe zu den Fabriken im heutigen → *Binnenhafen* und der Innenstadt als gutes Wohnquartier entdeckt. Seinerzeit kam es dann bereits zu der bis heute anhaltenden Spaltung in ein armes und ein reiches Heimfeld. 1888 wurden die damals rund 1300 Einwohner mit dem Gesetz „betreffend die Erweiterung der Stadtgemeinde und des Stadtkreises Harburg" eingemeindet.

Heimfelder Straße: Nach der Eingemeindung der Gemeinde → *Heimfeld* 1888 wurde diese Straße so benannt und stellt seitdem eine Art Achse des Stadtteils dar.

Heimfeld-Nord: Das Wohngebiet in der Nähe der → *S-Bahn*-Station → *Heimfeld* zählte lange zu den Hamburger Problemstadtteilen. Mit dem umfangreichen Sanierungsprogramm „Heimfeld-Nord" wurde in den 90er-Jahren von der Hansestadt und in Zusammenarbeit mit örtlichen Initiativen eine soziale wie architektonische Stadterneuerung betrieben. Heute sind die meisten Häuser nach modernem Standard saniert. Zudem hat das Programm ein Netz von Nachbarschafts- und Selbsthilfe-Initiativen geschaffen. Als sozialer Brennpunkt taucht Heimfeld-Nord seit Jahren schon nicht mehr in den Schlagzeilen auf. Im Gegenteil: Der Stadtteil bietet günstigen Wohnraum in einem städtischen Ambiente, das auch jüngere Familien oft dem Häuschen im Grünen vorziehen.

Heino-Marx-Weg: 1930 nach dem Harburger Fabrikbesitzer Heino Carl Joachim Peter Marx (1863 – 1920) benannt. Marx gründete die ehemalige Zündschnurfabrik am heutigen → *Stadtpark*.

Helms-Museum: Das 1954 erbaute Haupthaus an der → *Knoopstraße* und die schräg gegenüberliegende Archäologie-Abteilung in der ehemaligen Harburger → *Bücherhalle* sind das offizielle Archäologie-Museum der Stadt Hamburg. Zum Helms-Museum gehört auch die stadtgeschichtliche Abteilung an der → *Hastedtstraße*. Früher war auch das Freilichtmuseum am Kiekeberg in Ehestorf ein Teil des Helms-Museums, seit vielen Jahren wird es aber unter der Regie des → *Landkreises Harburg* geführt. Hinsichtlich Konzept und Besucherzahl haben sich beide Museen dramatisch auseinander entwickelt. Mit seinen vielen Aktionen und familienfreundlichen Veranstaltungen und dank des bodenständigen Engagements von Direktor Rolf Wiese wurde das Freilichtmuseum zum Publikums-Liebling, während das eher akademische Konzept vom Helms-Museums offensichtlich mehr Schwierigkeiten hatte, Besucher zu überzeugen. Folge: Obwohl nach langer Pause die archäologische Dauerausstellung wiedereröffnet wurde, kamen immer weniger Menschen. Im Jahr 2000 zog die Kulturbehörde schließlich die Notbremse und setzte eine Kommission ein, die das Museum wieder attraktiver machen sollte.

Helms-Saal: In dem Nachkriegsbau des Helms-Museums befindet sich mit dem Helms-Saal am Museumsplatz auch ein wichtiger Veranstaltungsort. Regelmäßig gastiert das Lüneburger Theater dort, früher gab es sogar ein eigenständiges Harburger → *Theater*. Auch Dia-Vorträge werden im Helms-Saal gezeigt, der 1956 als Anbau an das Haupthaus des Helms-Museums hinzukam.

Eine umfangreiche Sammlung zum Teil kurioser Harburgensien findet sich in der stadtgeschichtlichen Sammlung des Helms-Museums. Auch diese Tasse mit Harburg-Ansicht gehört dazu.

Helmsweg: Der Harburger Getreidehändler August Helms (1847 – 1920) machte sich in Harburg einen Namen als Senator und Gründer des Harburger Museumsvereins. Der Helmsweg und das Helms-Museum tragen daher heute seinen Namen.

Herbert-Wehner-Platz: Im letzten Jahr des vergangenen Jahrtausends wurde der langjährige Harburger SPD-Bundestagsabgeordnete Herbert Wehner mit einem kleinen, aber sehr zentralen Platz zwischen → *Großer Schippsee* und → *Harburger-Ring* geehrt. Wie viele Anhänger „Onkel Herbert" noch immer hat, zeigte sich bei dem massenhaften Andrang während der Feier zur Enthüllung des neuen Straßenschilds. Wehner, langjähriger SPD-Parteichef und Vorsitzender der SPD-Bundestagsfraktion, hatte vielen Harburgern persönlich bei Schwierigkeiten helfen können. Unterstützt hatte die Namensgebung daher mit allen Stimmen auch die Harburger CDU.

Hermann-Maul-Straße: Hinter dem ehemaligen Verlagsgebäude der → *Harburger Anzeigen und Nachrichten* am → *Sand* liegt diese verwinkelte Gasse, die nach dem Harburger Senator und Kaufmann Hermann Maul (1859 – 1926) benannt wurde.

Herzog Otto I.: Siehe → *Schützengilde*.

Hirschfeldplatz: Der Platz nahe der → *Eißendorfer Straße* hieß unter der Nazi-Herrschaft „Horst-Wessel-Platz". Weil der eigentliche Namensgeber Emil Hirschfeld jüdischer Abstammung und auch noch SPD-Mann war, gab es für ihn keinen Platz bei den NS-Herrschern. 1927 war der Platz jedoch nach Hirschfeld benannt

Karl May im Stadtpark? Keineswegs: Die Büste zeigt Georg Hölscher. Der Königlich-preußische Gartenbaudirektor ließ den Stadtpark anlegen.

worden, der Harburger Senator und Vertrauensarzt des Arbeiter- und Samariterbundes gewesen war.

Hölertwiete: Viele Harburger sehen diesen kleinen Straßenzug zwischen → *Schloßmühlendamm* und → *Sand* als eine der nettesten Einkaufszonen der Stadt an. Der Name erinnert an einen Auffangbehälter für Quellwasser, einen so genannten Höhler. Von hier wurde im 16. Jahrhundert via Holzleitungen Wasser zu einzelnen Häusern geleitet. Der Höhler war nicht nur zur Trinkwasserversorgung, sondern vor allem auch zur Löschwasserversorgung gebaut worden, nachdem → *Harburg* 1536 und 1564 von verheerenden Brandkatastrophen heimgesucht worden war.

Hölscherweg: 1950 benannt nach dem Stadtpark-Architekten Georg Hölscher (1866 – 1932). Im → *Stadtpark* an der → *Außenmühle* erinnert heute auch eine Bronzebüste an den Königlichpreußischen Gartenbaudirektor.

Hölscher-Büste: Zur Erinnerung an den Architekten des Harburger Stadtparks, Georg Hölscher (1866 – 1932) steht dieses Denkmal im westlichen Teil des → *Stadtparks.*

Holzhafen-Klappbrücke: Die 1930 gebaute Brücke liegt ganz am westlichen Ende des → *Binnenhafens* und quert die beiden versteckten Hafenbecken Holzhafen und → *Ziegelwiesenkanal.* Wie auch die Klappbrücke zum → *Östlichen Bahnhofskanal* ist sie von den Plänen des Amtes für Strom- und Hafenbau bedroht, das diese alten Brücken am liebsten aus Kostengründen festsetzen möchte. Verschiedene Vereine und Institutionen wie der Kulturverein Harburg kämpfen um den Erhalt mit dem Argument, dass nur funktionierende Brücken den Binnenhafen lebendig lassen.

Hoppenstedtstraße: Generalsuperintendent August Ludwig Hoppenstedt (1763 – 1830) ist Namengeber dieser Straße. Hoppenstedt galt als mutiger Verhandlungsführer der Harburger während der Franzosenzeit von 1813 bis 1814.

Hotel Lindtner: Das Hotel in → *Heimfeld* gilt als das erste Haus am Platze und ist nach wie vor in Familienbesitz. Am Rande der → *Haake* gelegen, ist das Traditionshotel regelmäßig Veranstaltungsort für Kongresse und Tagungen, aber auch für die großen Harburger Bälle.

Hotel Panorama: Dieses Hotel liegt zentral am → *Harburger Ring* – ein Treffpunkt für Geschäftsleute sowie Ort regelmäßiger Polit-Veranstaltungen und Vorträge.

Hugo-Klemm-Straße: Hugo Eduard Klemm (1883 – 1943) war Arbeiter, Gewerkschafter und sozialdemokratischer Senator in → *Harburg.* Die Nazis setzten ihn 1933 ab.

I

Ihrke-Brunnen: Nach der Sanierung der → *Lämmertwiete* wurde der Bau eines Brunnens ausgeschrieben, der an den Maler Ihrke erinnern sollte. Das Rennen machte damals eine Stahlkonstruktion mit Fischen auf einem sechseckigen Sockel. Hübsch gedacht, aber unpraktisch: Die Fische wurden mehrfach von Souvenirjägern demontiert.

Image: Nach wie vor leidet → *Harburg* unter dem Image, eine verbaute, von Ausländern bevölkerte und nicht gerade aufregende → *Industriestadt* zu sein. Auch wenn sich das Industrie-Revier längst gewandelt hat, was unter anderem im → *Channel Harburg* und rund um die → *TU Harburg* deutlich wird, der Ruf lässt sich nur zögerlich reparieren. Außerdem gilt Harburg als Stadtteil, in dem Multikulti täglich ad absurdum geführt wird. Allen Beteuerungen der Sozialdemokraten und allen Integrationsversuchen zum Trotz, ist es bislang nicht gelungen, die große Schar der ausländischen Mitbürger, vorzugsweise aus der Türkei, zu integrieren. Letztere führen auch in der mittlerweile dritten Generation ein Eigenleben, das in manchen Bereichen der Stadt durchaus als prägend angesehen werden muss.

Industrie/Industrialisierung/Industriestadt: Mitte des 19. Jahrhunderts begann in Harburg eine Entwicklung, die zu schnellem Wachstum und einigen Fehlentwicklungen führen sollte – die Industrialisierung. Mit dem Entstehen vieler Firmen in der Hafenstadt Harburg kamen sehr schnell sehr viele Menschen in die Stadt. Menschen, die Arbeit suchten und Wohnungen brauchten. Die Bevölkerungszahl stieg damals binnen kurzer Zeit überproportional an. → *Harburg* (heute knapp 200 000 Einwohner im → *Bezirk*) wurde zur Großstadt.
Mit den Unternehmen kam allerdings auch der Wohlstand, der sich jedoch weniger bei den Arbeitern bemerkbar machte. → *Villen*-Viertel auf der einen Seite standen engen Wohnquartieren auf der anderen Seite gegenüber. Die Menschen erdienten ihren Lebensunterhalt in den Ölmühlen (unter anderem Hobum), den Gummi verarbeitenden Betrieben (→ *Phoenix-Werke/* → *NYH*) und in chemischen Fabriken. Später kamen die Raffinerien, der Maschinenbau (Harburger Eisen- und Bronzewerke/Krupp) und der Fahrzeugbau (Tempowerk) hinzu. Harburg war zur Industriestadt mit qualmenden Schloten und einer eher schlichten Bevölkerungsstruktur geworden.
Dieses → *Image* ist bis heute nicht ganz überwunden. Dabei hat sich die Situation völlig verändert. Zehntausende Arbeitsplätze sind in der klassischen Industrie verloren gegangen. Überlebt haben Hightech-Unternehmen, die wiederum neue Jobs bereit stellten. Wo einst in → *Bostelbek* die Tempowagen zusammengeschraubt wurden, steht heute in unmittelbarer Nähe das große → *DaimlerChrysler-Werk*. Die → *Phoenix-Werke* konzentrieren sich in Harburg auf die komplizierteren Produkte. Die Krupp Elastomertechnik GmbH baut supermoderne Reifenaufbaumaschinen für Kunden in aller Welt. Bei Beiersdorf in Hausbruch werden Tesa-Produkte und medizinische Produkte (Hansaplast) gefertigt. Raffinerien wie Shell und Holborn liefern Sprit und Öle für die Region. Darüber hinaus gibt es rund ums → *MAZ* eine Reihe von neuen Unternehmen, die sich mit Mikroelektronik im weitesten Sinne befassen. Last not least: Das Airbus-Werk (EADS) in Finkenwerder steht zwar nicht in Harburg, aber viele Harburger verdienen im Flugzeugbau gutes Geld.

Innenstadt: Wenn ein Harburger von der Innenstadt redet, meint er das Zentrum der Stadt: Das ist der Bereich um → *Schloßmühlendamm*, *Sand*, → *Harburger Rathausplatz*, Fußgängerzone → *Lüneburger Straße* und auch → *Moorstraße* und → *Wilstorfer Straße*. Die Geschäfte in diesem Areal hatten lange mit einem schleichenden Verlust von Kunden zu kämpfen. Mit neuen → *Einkaufszentren* soll diese Entwicklung nun gestoppt werden.

Innenstadtsanierung: In den 70er-Jahren wurde alles anders. Mit dem Bau der → *S-Bahn*, deren Schneise quer durch die → *Innenstadt* getrieben wurde, verlor Harburg das vertraute Bild. Die verbaute Stadt wurde von der → *Stadtplanung* umgemodelt, dass es in allen Fugen krachte. Straßen verschwanden, neue kamen hinzu. Häuserzeilen und sogar eine Kirche, die → *Christuskirche* an der → *Hölertwiete*, wurden abgerissen. Hand in Hand mit dem S-Bahn-Bau wurde der → *Harburger Ring* realisiert, eine bis zu vierspurige Einbahn-Rennstrecke, die für großen Unmut sorgte und in den 90er-Jahren für 17

Kaum war der Kaiser zu Besuch gewesen, schon hatte Harburg auf dem Schwarzenberg seinen Kaiserplatz – eine historische Ans cht.

Millionen Mark zurückgebaut werden musste. Damals, so sagen alte Harburger, damals verlor die Stadt ihr Gesicht. Andere meinen: Harburg hat ein neues Gesicht bekommen. Und ob das nun unbedingt schlechter ist als das vorherige, darf bezweifelt werden.

J

Jüdischer Friedhof: Der Jüdische Friedhof erinnert an die Zeit, als → *Harburg* noch eine jüdische Gemeinde und eine → *Synagoge* hatte. Er befindet sich auf dem → *Schwarzenberg.*

Julius-Ludowieg-Straße: Benannt nach dem Harburger Oberbürgermeister Julius Ludowieg (1830 – 1908), der bis 1899 sein Amt innehatte.

K

Käfersiedlung: Anfang der 50er-Jahre wurde im Zuge der Wohnraumversorgung auch eine Kleinsiedlung ganz am südlichen Rand von → *Sinstorf* gebaut. Weil die Straßen dort nach verschiedenen Käferarten benannt wurden, erhielt die Siedlung ihren Namen. Die dortigen → *Siedler* hatten Jahrzehnte mit dem Lärm der → *Autobahn* zu kämpfen, die ihnen später praktisch direkt vor die Haustür gebaut worden war. Erst nach vielen, vielen Jahren Tauziehen kam die Stadt in den 90er-Jahren den → *Siedlern* mit Lärmschutzmaßnahmen entgegen.

Kaiserblick/Kaiserplatz: Der historische Ort schräg oberhalb des → *Kanonenplatzes* auf dem → *Schwarzenberg* trägt seinen Namen, weil dort

Spedition statt Café-Idylle: Der Kanalplatz im Binnenhafen bietet zwar einen tollen Blick Richtung Hafen, doch einladend ist er nicht.

am 19. September 1873 Kaiser Wilhelm I. seinen Blick Richtung Hamburg schweifen ließ. 1996 wurde der Platz saniert und der → *Zwei-Schalen-Brunnen* wieder in Betrieb genommen. Auf dem Platz am Kaiserblick werden die Könige der → *Schützengilde* vom jeweiligen → *Bezirksamtsleiter* proklamiert.

Kalischerstraße: Der Kaufmann Bernhard Kalischer (1863 – 1933) engagierte sich stark für das Harburger Transportgewerbe.

Kalligas: Das griechische Restaurant in dem markanten Altbau an der Ecke Schloßstraße/ Karnapp war lange so etwas wie gastronomischer Brückenkopf im → *Binnenhafen*. Inzwischen hat sich im Umfeld eine eigene kleine, aber feine Gastronomie-Szene entwickelt. Das Gebäude selbst wurde 1902 von dem Wilhelmsburger Architekten E. Theil im historischen Stil gebaut und stellte als Wohnhaus einen deutlichen Kontrapunkt zu den kleinteiligeren Fachwerkwohnhäusern in der → *Harburger Schloßstraße* dar.

Kanalplatz: Kaum ein anderer Platz in → *Harburg* könnte sich schöner wandeln, wenn es denn ginge. Der Kanalplatz ist eine mit Kopfsteinpflaster bedeckte Fläche direkt am Lotsekanal im → *Binnenhafen*. Von hier fällt der Blick auf die vielen historischen und auch neueren Schiffe, die dort liegen oder restauriert werden. Ideal also, um beispielsweise einen Kaffeegarten einzurichten. Nicht so in Harburg: Dort dient der Platz mit der tollen Aussicht einer Spedition als Parkplatz.
Von 1933 bis 1948 hieß der Kanalplatz übrigens „Kapitän-Kirchheiß-Platz". Carl Kirchheiß war einer der ersten, die mit kleinem Schiff und kleiner Mannschaft in den 20er-Jahren die Welt umsegelten. Dabei wollte der Harburger Seemann

das negative → *Image* Deutschlands mit Vorträgen und einer mutigen Tat berichtigen. Bei seiner Rückkehr nach Harburg wurde er begeistert von einer riesigen Menschenmenge gefeiert. Pech für ihn nur, dass die Straße während der Nazi-Diktatur nach ihm benannt wurde, denn so geriet er in den Ruch, ebenfalls ein Anhänger Hitlers gewesen zu sein.

Kanonenplatz: Zwei Kanonen schmücken den Kanonenplatz, der sich unterhalb des Gildehauses auf dem Schwarzenberg befindet. Ganz im Zwiste alter Zeiten sind sie gen Hamburg gerichtet.

Kanzlershaus: Das historische Gebäude in der → *Neuen Straße* war einst Sitz des Kanzlers, der quasi als → *Bürgermeister* fungierte. Heute haben die Männer jeglichen Einfluss verloren, denn das renovierte Kanzlershaus ist dank großzügiger SPD-Unterstützung nun die Harburger Hochburg der → *Frauenkultur*.

Kanzlershof und Kanzlerstraße: Diese Ecke von → *Gut Moor* und → *Rönneburg* erinnert an ein kleines Rittergut, das die Kanzler des nahen Harburger → *Schlosses* zu führen pflegten.

Karstadt: Der Name einer Kaufhaus-Kette inmitten einer Sammlung Harburg-typischer Stichworte? Das mag irritieren, wer jedoch → *Harburg* kennt, der kennt auch Karstadt, denn das erste (und bislang auch einzige) Kaufhaus am Platze hat hohen Stellenwert und genießt einen durchaus guten Ruf. Letzterer resultiert aus dem Engagement der Geschäftsführung für den Einkaufsstandort Harburg. Karstadt hat in Harburg den Beleg erbracht, dass die oft gescholtenen → *Filialisten* durchaus nicht passiv sein müssen. Wie stark das Kaufhaus des Karstadt-Konzerns mittlerweile zu einer Harburger Institution geworden ist, lässt sich in einer typischen Gewohnheit älterer Harburger erahnen. Sie schlagen nämlich in den → *Harburger Anzeigen und Nachrichten* zuerst die hinteren Seiten mit den Todesanzeigen auf, um zu sehen, „wer nicht mehr bei Karstadt einkaufen geht", wie es dann heißt.

Kinos: Noch in den 70er-Jahren gab es etliche Kinos in → *Harburg*. Doch nach dem allgemeinen Kinosterben blieben zunächst nur die → *Kurbel* und das → *Gloria* übrig. Jetzt hat Harburg mit einem → *Cinemaxx*-Multiplexkino an der → *Wilstorfer Straße* zwar nur noch ein Kino, dafür aber ein besonders schönes und modernes.

Kleingärten: Als klassische → *Industriestadt* hat → *Harburg* eine lange Tradition der Kleingartenkultur. Auch wenn viele dieser städtischen Kleinode in jüngerer Zeit einer Bebauung geopfert wurden, gibt es wie in → *Wilstorf*, → *Bostelbek* und → *Neuland* noch große Anlagen. Heute sind sie oft auch ein wichtiger Bestandteil der Integration. Denn ein Stück Garten zu bearbeiten, ist auch bei vielen Zuwanderern beliebt. Einer der bemerkenswertesten Kleingartenvereine gibt es aber in Wilstorf. Der Kleingartenverein 739 hat dort einen sehenswerten Naturlehrpfad angelegt, der zum Spazierengehen einladen soll. Auf Wunsch gibt es sogar Führungen.

Knoopstraße: Diese relativ kurze Straße dürfte zu einer der zentralsten Harburgs gehören. Zum einen ist sie die eigentlich Verbindung zu beiden Enden des → *Harburger Rings*. Die Knoopstraße verbindet daher als eine der wenigen Straßen der Stadt die Ausfallstraßen. Zum anderen liegen an der Knoopstraße das → *Helms-Museum*, die → *Polizeiwache*, das Wirtschafts- und Ordnungsamt, die → *Alte Handwerkskammer*, und auch der → *Rathausplatz* ist von dort aus zu erreichen. Benannt ist die Knoopstraße nach dem Transport-Unternehmer Heinrich Friedrich Knoop, der im 19. Jahrhundert dort Flächen besessen hatte – die „Knoopschen Wiesen". Teile der Knoopstraße hatten früher jedoch einen anderen Namen: Der Bereich zwischen → *Marienstraße* und → *Eißendorfer Straße* hieß noch bis 1950 „Albertstraße", benannt nach einem Handwerksmeister, der dort im 19. Jahrhundert ebenfalls Ländereien besessen hatte. Der Bereich vor der Alten Handwerkskammer war früher Marktplatz und hieß daher schlicht „Am Markte".

Kommunalpolitik: Wer sich in → *Harburg* politisch engagiert, landet möglicherweise irgendwann in der → *Bezirksversammlung*. Die tagt einmal pro Monat im → *Rathaus* und ist in Wahrheit ein Schein-Parlament. Zu sagen haben die Bezirksabgeordneten nämlich nur sehr wenig. Sie halten es nach alter Hamburger Sitte: In der Lobby wird entschieden. Wer gute Verbindungen zum Senat und zu den Behörden hat, kann auch von Harburg aus etwas bewegen. Der Unterausschuss der Hamburgischen Bürgerschaft ist sich dennoch nicht zu schade, große Politik zu machen. Da wird debattiert, gestritten und auch schon mal unterhalb der Gürtellinie politisiert. CDU und SPD liegen traditionell im Clinch. Die Grünen – je nach Status (Koalitionspartner der SPD oder nicht) – geben sich oppositionell oder zahnlos.
Einig sind sich die Etablierten jedoch in einem: Mit Rechtsparteien wie DVU und Republikanern wollen sie nicht zusammenarbeiten. Und ausgerechnet diese radikalen Vertreter deutscher Politik schaffen es immer wieder, im Zuge politikverdrossenen Wählerverhaltens im Rathaus zu landen. Auch eine Form von Protest...

Konsul-Francke-Straße: Namensgeber ist der Harburger Fabrikbesitzer Robert Francke (1830 – 1904). Francke gründete mit Friedrich Thörl die Palmkernölfabrik, die später Oelfabrik F. Thörl hieß. Francke war österreichisch-ungarischer Konsul in → *Harburg*.

Konsul-Renck-Straße: Carl Renck (1846 – 1909) war ein bedeutender Harburger Kaufmann, der auch Senator und Vizekonsul von Portugal und Großbritannien war. Er war unter anderem Mitgründer der Firma Renck & Hessenmüller. Die heutige Konsul-Renck-Straße im → *Phoenix-Viertel* hieß von 1927 bis 1933 allerdings ganz in der Tradition des Arbeiterviertels „Friedrich-Engels-Straße". Die Nazis verbannten den Weggefährten von Karl Marx dann aus dem Straßenbild Harburgs. Bemerkenswert, dass im Nachkriegs-Harburg die Umbenennung durch die NS-Diktatur beibehalten wurde...

Konsul-Ritter-Straße: Die Verbindungsstraße zwischen den Harburger Seehäfen und dem → *Binnenhafen* ist 1951 nach dem Kaufmann Hermann Ritter (1855 – 1932) benannt worden, der ebenfalls Inhaber der Firma Renck & Hessenmüller war.

Kreissparkasse: Siehe → *Sparkasse Harburg-Buxtehude*.

Kreuzkirche: 1976 bezog die Evangelisch-Freikirchliche Gemeinde Harburg (→ *Baptisten*) ihre neue Kirche an der Niemannstraße in unmittelbarer Nachbarschaft zur → *TU Harburg*. Schon bald wurde das → *Café Quo* eröffnet – zweimal in der Woche haben die TU-Studenten hier die Möglichkeit, abseits des Uni-Betriebs eine kleine Pause einzulegen.

Kroosweg: 1951 benannt nach der Harburger Familie Kroos, die verschiedene Stiftungen ins Leben gerufen hat.

Küchgarten: Die Bezeichnung Küchgarten geht auf eine sehr alte Flurbezeichnung zurück. Hier wuchsen im herzöglichen Küchengarten Kräuter und Gemüse. Um 1650 bekamen einige Harburger hier Grundstücke, als ihre Häuser für eine Erweiterung des → *Schlosses* abgerissen werden mussten.

Küstersweg: Der Gastwirt Eduard Küster war mit seiner Gaststätte Mitte des 19. Jahrhunderts so erfolgreich, dass die Hannoversche Eisenbahn hier sogar ihre Züge stoppen ließ.

Kulturwerkstatt: Die Kulturwerkstatt Harburg hat ihren Sitz im → *Binnenhafen*. Dort hat sie sich vor allem mit dem Hafenfest sowie dem Hafen-Frühstück einen Namen gemacht. Ihr Ziel: Kunst und Hafenambiente gehören zusammen. Und zwar mit Stil, nicht mit Remmidemmi...

Kunstpfad: In den 90er-Jahren sorgten blaue Fußspuren für Aufsehen in → *Harburg*. Der kunstbeflissene → *Bezirksamtsleiter* Michael Ulrich hatte aus öffentlichen Kassen 10 000 Mark locker gemacht und einen Maler samt Schablone von Kunstobjekt zu Kunstobjekt geschickt. Den blauen Spuren folgend konnten die Harburger durch die ganze → *Innenstadt* marschieren und der Kunst frönen. Einige Scherzbolde machten sich den Pfad zu Nutze – sie leiteten ihn flugs um in die Konditorei Eisenschmidt an der → *Knoopstraße*. Mittlerweile ist die Farbe längst wieder verschwunden. Wer die Kunst sucht, muss sich eben auskennen.

Kurbel: Das Kurbel-Programm-Kino in der → *Neuen Straße* war lange Zeit ein heißer Tipp auch für das Umland. Mit seinen langen Filmnächten und einem Programm, das sich nicht am Hollywood-Mainstream orientierte, wurde es zur Legende. Irgendwann musste es jedoch einer Spielhalle weichen.

L

Landkreis Harburg: Der Landkreis Harburg grenzt unmittelbar im Süden mit den Gemeinden Rosengarten und Seevetal sowie im Westen mit Neu Wulmstorf an das Stadtgebiet an. Er besteht seit der niedersächsischen Gebietsreform im Jahr 1972 aus den Altkreisen Winsen und Harburg. Letzterer gehörte bis 1937 zu Harburg. Im Zuge des → *Groß-Hamburg-Gesetzes* war → *Harburg* jedoch zum Hamburger Stadtteil geworden. Heute zählt der Landkreis zum Hamburger Speckgürtel. Das Telefonbuch mancher Orte in der Nordheide liest sich denn auch wie das „Who is Who" der Hansestadt.

Langenbek: Bis 1937 war Langenbek noch eine eigenständige Gemeinde, bevor es im Rahmen des → *Groß-Hamburg-Gesetzes* zu → *Harburg* kam. Heute ist von dem ehemaligen Dorf wegen vieler Neubaugebiete nur noch wenig zu erkennen.

Die Lämmertwiete hat sich zur florierenden Harburger Kneipenmeile entwickelt. Die historischen Gebäude liefern dazu die passende Kulisse.

Langenbeker Feld: Eines der ehrgeizigsten Neubauvorhaben in den 80er-Jahren. Hier entstanden rund um die → *Gordonstraße* Reihen- und Mehrfamilienhäuser im großen Stil.

Lämmertwiete: Sie ist sozusagen ein Stück altes → *Harburg* – und hat doch einen enormen Wandel erlebt. Seit dem Mittelalter hatten in den kleinen, verwinkelten Fachwerkhäusern vor allem Handwerker ihre Wohnungen und Werkstätten. Ab 1650 entstand hier die Harburger Neustadt, nachdem der Festungsbau im Moor vergrößert worden war. Teilweise lebten die Menschen damals in der Lämmertwiete in für heutige Maßstäbe höchst beengten Verhältnissen. 1833 registrierte eine Statistik in einem der zweigeschossigen Bauten fünf Haushalte mit insgesamt 24 Personen. Bis nach dem → *Zweiten Weltkrieg* blieben die Proportionen der Fachwerkhäuser relativ unverändert, der Straßenzug verfiel aber zusehends. Mit der großen → *Innenstadtsanierung* ab den 70er-Jahren des 20. Jahrhunderts begann dann der radikale Wandel. Heute bilden die hübsch restaurierten Häuschen Harburgs beliebteste Kneipenmeile. An schönen Tagen ist durch die vielen Biergartenstühle kaum ein Durchkommen. Wer's jedoch nicht kennt, fährt an dieser schönen Straße glatt vorbei. Von der → *Buxtehuder Straße* aus sind lediglich einige schiefe Rückfronten der Lämmertwiete zu sehen. Die Bezeichnung Lämmertwiete geht vermutlich auf eine landwirtschaftliche Nutzung des Areals vor seiner Bebauung zwischen dem 16. und 18. Jahrhundert zurück.

Lassallestraße: Wie häufig in → *Harburg* wurde auch diese Straße im → *Phoenix-Viertel* 1927 in Erinnerung an einen Begründer der Arbeiterbewegung Ferdinand Lassalle (1825 – 1864) benannt, um dann von den Nazis wieder einen neuen Namen (Schlageterstraße) zu bekommen, der 1945 wiederum rückgängig gemacht wurde. Vor diesen politisch orientierten Bezeichnungen hieß die Straße wenig fantasievoll „2. Wilstorfer Straße".

Lauenbrucher Hafen: Die kleine, für Binnenschiffe reservierte Ecke zwischen Seehafenbecken I und → *Süderelbe* erinnert an die Ortschaft → *Lauenbruch*. Wie später Altenwerder wurde Lauenbruch um 1904 im wahrsten Sinne des Wortes platt gemacht, um Industrie- und Hafenflächen zu schaffen.

Lauterbachstraße: Benannt nach dem letzten Harburger Stadtmusikus (1795 – 1881) Heinrich Lauterbach. Bis 1870 galt in → *Harburg* das Recht alleiniger Musikdarbietung, eine Art Zunftrecht für den eigenen Musikus, der so vor Konkurrenz geschützt wurde.

Lessing-Gymnasium: Der repräsentative Schulbau in den Parkanlagen am Soldatenfriedhof ist 1902 von dem damaligen Stadtbaurat Emil Wilhelm Friedrich Homann (1846 – 1913) als „Höhere Töchterschule" gebaut worden. Der im neugotischen Stil gehaltene Schulbau galt zu dieser Zeit als höchst modern und sehr „stattlich" im Vergleich zu den Volksschulen – wo die Kinder weniger begüterter Harburger lernen mussten. Später wurde aus der Töchterschule das „Lyzeum". Heute gilt das Lessing-Gymnasium als besonders aufgeschlossen für die multikulturelle Gesellschaft.

Löwen am Schloßmühlendamm: Die beiden Bronze-Löwen am → *Schloßmühlendamm* 25 „bewachen" den Eingang des Altbaus bereits seit 1862. Damals, wie in den Jahrhunderten zuvor, war dort die älteste → *Apotheke* Harburgs, die Ratsapotheke, untergebracht. 1852 kaufte sie Arnold Heinrich Carl Eduard Mergell und ließ im Rundbogenstil ein neues Gebäude bauen. Der Vater des späteren Harburger Industriellen Arnold Mergell (siehe → *Mergellstraße*) beauftragte zudem den Bildhauer Ernst von Bandel mit der Produktion der beiden Löwen. Bandel war seinerzeit durch sein Hermannsdenkmal im Teutoburger Wald bekannt geworden. Der Bildhauer schuf auch die → *Schillerbüste* am → *Sand*.

Lohmühlenteich: Siehe → *Göhlbachtal*.

Lotsekanal/Lotsekai: Hier findet im → *Binnenhafen* noch regulärer Güterumschlag statt. Regelmäßig machen Küstenmotorschiffe und kleinere Seeschiffe fest, um Futtermittel, Baumaterial und ähnliche Massengüter anzuliefern.

Lübbersweg: Der Schulrektor Friedrich Lübbers (1867 – 1947) engagierte sich für die Erforschung der Harburger → *Stadtgeschichte*. Seine Frau Hermine schrieb dazu Erzählungen, die in den → *Harburger Anzeigen und Nachrichten* abgedruckt wurden.

Auf dem Lotsekanal im Binnenhafen findet bis heute Güterumschlag statt.

Über den tieferen Sinn dieser dreiteiligen Plastik in der Fußgängerzone Lüneburger Straße rätseln die Harburger bis heute.

Lühmannstraße: Die Lühmannstraße in → *Eißendorf* wurde 1960 in Erinnerung an den Geheimen Kommerzienrat Georg Lühmann (1840 – 1912) benannt. Lühmann hatte von C. Hergeröder die → *Harburger Anzeigen und Nachrichten* übernommen. Noch immer heißt die älteste in Hamburg erscheinende Tageszeitung daher bei älteren Lesern „die Lühmannsche" – und manchmal, wenn sich mal ein Fehler eingeschlichen hat, sogar die „Lüüchmannsche"...

Lüneburger Straße: Seit der → *Innenstadtsanierung* in den 70er-Jahren des 20. Jahrhunderts ist die Lüneburger Straße *die* Fußgängerzone und Einkaufsmeile Harburgs. Doch die Einzelhändler, die auch schon vor der Verkehrsberuhigung ihren Geschäften nachgingen, bekamen den Wandel Harburgs stark zu spüren. Grund: Seit dem Kriegsende hat Harburg seine Funktion als Zentrum für das gut betuchte Umland stark eingebüßt. Immer mehr Traditionsgeschäfte in der Lüneburger Straße haben in den letzten Jahren ihre Pforten geschlossen, allgemein prägen zusehends → *Filialisten* das Bild. Allerdings: Tagsüber ist die Straße eine quirlige Einkaufsmeile und Treffpunkt des multikulturellen Harburgs. Und trotz aller Sorgen um den Einkaufsstandort → *Harburg* werden hier für Ladengeschäfte noch Spitzenmieten erzielt – zumindest im unteren Teil. Je weiter die Lüneburger Straße Richtung → *Wilstorfer Straße* verläuft, desto mehr gilt sie als Sorgenkind, wo es auch einmal für längere Zeit Leerstände geben kann. Ihren Namen hat sie praktisch seit dem 17. Jahrhundert, von hier aus führte der Weg nach Lüneburg.

Lüneburger Tor: Dieser Platz ist eigentlich Teil der → *Lüneburger Straße*. Früher stand dort tatsächlich ein Tor der Harburger Stadtbefestigung.

Lürade: Der kleine Ortsteil an der Autobahnabfahrt → *Marmstorf* gehörte als kleines Dorf lange zu Marmstorf, das 1937 → *Harburg* eingemeindet wurde.

Lutherkirche: Erst 1902 wurde in → *Eißendorf* ein eigener Friedhof mit Kapelle eingeweiht – bis dahin mussten die gläubigen Eißendorfer am Sonntagmorgen zum Gottesdienst nach → *Sinstorf* pilgern. 1904 wurde die selbstständige Kirchengemeinde Eißendorf gegründet, deren Gottesdienste zunächst in Schulräumen stattfanden. Im romanischen Stil wurde schließlich die Lutherkirche errichtet, deren Einweihung auf 1906 datiert ist.

M

Mädchenschule Woellmerstraße: Das im → *Zweiten Weltkrieg* teilweise zerstörte Schulgebäude ist heute Teil der → *TU Harburg*. Gebaut wurde es 1910 als Mädchenschule in → *Heimfeld*.

Majestätische Aussicht: Kein Geringerer als König Georg II. von England, Kurfürst von Hannover, lobte dereinst im Jahre 1729 die wahrlich „majestätische Aussicht", die er von den Höhen der → *Harburger Berge* aus genoss, während sein Blick gen Hamburg schweifte. Von der guten Aussicht ist durch die hoch gewachsenen Bäume nicht mehr viel übrig. Und sollte Georg II. noch einmal vorbeikommen, sein Auge fiele allenfalls auf die majestätische → *Autobahn*-Eckverbindung A 261. Schwamm drüber – geblieben ist der Name „Majestätische Aussicht", und der ziert nun wiederum eine Lokalität am Ehestorfer Weg, die als Harburgs älteste durchgehend betriebene Schankwirtschaft gilt und nach vier Martens-Generationen seit einiger Zeit in griechischer Hand ist.

Maretstraße: Unter der Führung von Senator Carl Maret (1829 – 1904) wurden die → *Phoenix-Werke* zum größten deutschen Produzenten von Gummiprodukten.

Mariahilf-Krankenhaus: Das katholische Krankenhaus wurde von 1946 von den „Barmherzigen Schwestern vom heiligen Vinzenz von Paul in Hildesheim" gegründet. Der Orden kaufte dazu die ehemalige → *Villa* des Harburger Fabrikanten H.C. Meyer, der sich im 19. Jahrhundert einen klassizistischen Prachtbau in das waldige und hügelige Gelände von → *Heimfeld* hatte bauen lassen. 1958 bis 1961 wurde der Krankenhausbau um seinen Teil an der → *Stader Straße* erweitert. Heute ist das Mariahilf vor allem wegen seiner Säuglings- und Kinderstation bekannt.

Marienstraße: Wahrscheinlich wurde sie 1860 nach dem bereits 1844 eröffneten Krankenhaus, dem Marienstift, benannt. Vielleicht regte jedoch auch die katholische Gemeinde den Namen an, die 1860 bereits ein Gemeindehaus in → *Harburg* besaß. Die → *St. Marienkirche* wurde erst 1865 gebaut. Das Marienstift war übrigens nicht nach der heiligen Maria, sondern 1843 nach der Gattin des damaligen Kronprinzen, des späteren Königs Georg V. von Hannover, benannt worden.

Marinas: Als das noble Fischrestaurant Anfang der 90er-Jahre mitten in dem damals noch ziemlich heruntergekommenen Industriegebiet im → *Binnenhafen* eröffnete, glaubte wohl keiner an einen Erfolg. Heute zählt das Haus zu den Spitzen-Gastronomien Hamburgs und ist sogar mit einem begehrten Michelin-Stern ausgezeichnet worden.

Marketenderin: Einzige Frau, die offiziell in der → *Schützengilde* geduldet wird. Sie versorgt die Fahnenjunker mit Schnaps und lässt sich gegen eine kleine Spende für die Fahnenjunkerkasse auch schon mal vom → *Bürgermeister*, vom → *Bezirksamtsleiter* oder vom Hamburger Oppositionsführer küssen, wenn im Festzelt auf dem → *Schwarzenberg* der Spargel ausgeteilt wird.

Markt: Hier schlägt das Herz Harburgs. Auf dem Markt am → *Sand* trifft man sich vormittags. Dort wird geklönt und natürlich frisches Gemüse eingekauft. Beim Eiermann aus dem → *Landkreis Harburg* gibt's noch ein paar flotte Sprüche. Und die Obstverkäuferin packt noch drei Bananen gratis oben drauf. Wer die Harburger studieren will, der muss den Markt besuchen.

Marktkauf: Das Marktkauf-Zentrum an der → *Seevepassage* gilt als Treffpunkt für Schnäppchenjäger und Discount-Fans. Früher stand hier ein komplettes Wohnviertel, das allerdings mit den Jahren ziemlich gelitten hatte und somit zum Sanierungs-, sprich Abrissgebiet erklärt wurde. In der Grupenstraße, die längst aus dem Stadtplan verschwunden ist, fanden Mitte der 70er-Jahre die ersten Rammschläge für den Bau der → *S-Bahn* auf Harburger Stadtgebiet statt.

Marmstorf: Rund 8600 Menschen wohnen in dem Harburger Stadtteil, der – gelegen zwischen den Bundesstraßen 4 und 75 – noch am stärksten dörflich geprägt ist. Erst 1937 wurde das Dorf Marmstorf eingemeindet und konnte sich so vor allem seinen dörflichen Kern rund um den Feuer-teich erhalten. 1979 wurde dazu sogar eine besondere Erhaltungs- und Gestaltungsverordnung erlassen. Neben dem westlichen → *Heimfeld* zählt Marmstorf zu der besten Wohngegend Harburgs.

Mayrsches Haus: Das Mayrsche Haus ist eines der Schmuckstücke in der → *Lämmertwiete*. Viele Jahre war das historische Haus eingelagert, nachdem es dem → *Karstadt*-Bau hatte weichen müssen. Mit Hilfe der Harburger Handwerkerschaft wurde es in den 90er-Jahren wieder aufgebaut. Heute dient das Altharburger- Fachwerkhaus unter anderem den Handwerkern als Treffpunkt und Tagungsort.

MAZ Harburg: Das futuristisch anmutende Gebäude an der → *Harburger Schloßstraße* gilt als Keimzelle vieler neuer Hightech-Unternehmen und damit als Kristallisationspunkt für den Strukturwandel in → *Harburg*. 1990 wurde das MAZ (Mikroelektronik Anwendungszentrum) von der Hansestadt Hamburg gegründet, um im Bereich der Mikroelektronik jungen Unternehmen Starthilfe zu geben. Im Umfeld der → *TU Harburg* gelang so tatsächlich eine beträchtliche Anzahl von Gründungen. Etwa 600 neue Arbeitsplätze sind entstanden. Unter anderem ist einer der größten deutschen Internet-Provider, die Ision AG, aus einer ehemaligen MAZ-Tochter hervorgegangen. Und sogar der große US-amerikanische Chip-Hersteller Intel übernahm eine Firma, die im MAZ gegründet worden war. Zum Jahr 2001 wurde das erfolgreiche Konzept praktisch privatisiert. Das MAZ bietet nun mit dem Kapital von privaten Investoren Unternehmensgründern Starthilfe, die Stadt hält nur noch eine Minderbeteiligung. In dem MAZ-Gebäude arbeitet nun als 100-prozentige Tochter der Stadt die Channel Business Services GmbH, die im → *Channel Harburg* Weiterbildung, logistische Hilfe und

Auf dem Markt am Sand schlägt das Herz Harburgs, so heißt es. Wer die Harburger kennenlernen möchte, sollte sich dort umsehen und bei den netten Marktfrauen vielleicht gleich ein paar Tomaten oder Paprika einkaufen...

1990 begründete die Hansestadt mit dem MAZ die rasante Entwicklung neuer Firmen im Channel Harburg.

auch Startkapital für junge Firmen aus dem Bereich der Mikroelektronik anbietet.

Mensingstraße: Rittmeister Georg Wilhelm Mensing leitete von 1818 bis 1833 das Festungsgefängnis in → *Harburg*.

Mergellstraße: Arnold Mergell (1855 - 1929) gründete gemeinsam mit Max Brinckman die spätere Hobum Ölfabrik. An der → *Bremer Straße* 313 ließ Mergell eine große Villa und einen riesigen Park anlegen. Das davor liegende weiß verputzte Pförtner- und Stallgebäude des Anwesens ist von der Bremer Straße aus heute noch zu sehen.

Methodistische Kirche: Die Methodisten haben ihr Gemeindehaus seit Jahrzehnten in der → *Maretstraße* zwischen dem → *Phoenix-Viertel* und dem → *Alten Friedhof*. Mitte der 90er-Jahre baute die → *Freikirche* ein kleines, aber feines und vor allem modernes Gebäude, das durch seine gute Akustik und das Designer-Ambiente auffällt.

Meyerspark: In diesem Grünbereich zwischen → *Stader Straße*, → *Autobahn A7* und → *Heimfeld* baute der Industrielle Heinrich Christian Meyer eine Villa samt Park. Heute ist die Grünfläche öffentlich und Standort eines kleinen Ponyhofs. An den Industriekapitän des 19. Jahrhunderts erinnert auch die → *Meyerstraße*.

Meyerstraße: Heinrich Christian Meyer (1832 - 1886) gründete die Harburger Gummi-Kamm-Compagnie, die der Vorläufer der → *New-York Hamburger Gummi-Waaren-Compagnie* ist. Die Familie Meyer besaß viel Grundbesitz in → *Heimfeld*, der Meyerspark zeugt noch heute davon.

Meyer-Viertel: Um Wohnraum für Industriearbeiter zu schaffen, wurde 1889 in Harburg ein Bebauungsplan für das Meyer-Viertel verabschiedet. Auf dieser Grundlage entstanden Anfang des 20. Jahrhunderts die Mietshäuser im Bereich → *Meyerstraße* und Bansenstraße. Die Häuser wurden meist ohne jeglichen Vorgarten errichtet und sollten die Grundstücke möglichst voll ausnutzen. Ähnlich wurde auch in → *Wilstorf* und im → *Phoenix-Viertel* gebaut. Diese enge Bebauung gab → *Harburg* seinerzeit auch den Beinamen „Steinerne Stadt".

MidSommerland: Mit Wildwasserkanal, Therme, Sauna-Landschaft und Blick auf den → *Außenmühlenteich* lockt das Harburger Freizeitbad MidSommerland seine Besucher an. Der Millionen-Bau im nordischen Stil kostete in den 90er-Jahren sowohl die → *Kommunalpolitik* als auch die Hamburger Wasserwerke erhebliche Energie. Die Hightech-Anlage steht auf dem historischen Gelände des alten Freibades. Um das MidSommerland zu finanzieren, wurde die →

Entspannung pur im Strudelwasser der Therme: das MidSommerland an der Außenmühle.

Schwimmhalle am → *Harburger Rathausplatz* an einen Investor verkauft, der in dem alten Gebäude das neue Domizil der → *Harburger Anzeigen und Nachrichten* sowie einer Anwaltskanzlei einrichtete. Wer nicht nur Plantschen und Rutschen möchte, muss seitdem zum Schwimmen nach → *Wilhelmsburg* ausweichen.

Moorstraße: Dieser Name lässt Investoren aufhorchen, denn seit die → *Phoenix-Werke* ihre Produktionshallen geräumt und die Pläne für ein → *Einkaufszentrum* aus der Taufe gehoben haben, dürfte sich hier der Einkaufsstandort → *Harburg* besonders entwickeln (siehe auch → *Phoenix-Center*). Ihren Namen hat die Straße, weil sie früher Richtung Moor führte. → *Gut Moor* ist noch heute ein Ortsteil am Rande der feuchten Wiesen in → *Neuland*.

Museumsplatz: Der Museumsplatz ist eher eine neue Erfindung, denn früher verlief hier die → *Marienstraße*. Benannt ist er nach dem → *Helms-Museum*, dessen Haupthaus als Gegenüber zur → *Alten Handwerkskammer* den Platz prägt. Drittes markantes Gebäude ist die benachbarte → *St. Marienkirche*.

N

Napoleon: Anfang des 19. Jahrhunderts rückten die Franzosen wieder mal bis nach → *Harburg* vor. Die Zeit von Napoleon Bonaparte stand bevor – allerdings mehr in Frankreich als in Harburg. Immerhin heißt es, Harburg habe Napoleon den Bau der → *Bremer Straße* zu verdanken, die damals zunächst als Erdwall aufgeschüttet werden musste. Überflüssig zu sagen, dass Napoleon nicht selbst gebuddelt hat...

Nartenstraße: Die täglich besonders von vielen Lkw befahrene Straße im → *Binnenhafen* ist nach dem Geheimen Baurat und Harburger Strombaudirektor Georg Narten (1853 – 1933) benannt, der unter anderem für die → *Alte Harburger Elbbrücke* die Bauleitung hatte.

Neuer Friedhof: Der Neue Friedhof in → *Harburg* ist gar nicht so neu. Das Gelände im Beerental an der → *Bremer Straße* wird seit 1892 als Friedhof genutzt. Zuvor begruben die Harburger ihre Toten im → *Alten Friedhof* zwischen Bremer Straße und → *Maretstraße* nahe des heutigen Zentrums. Dort befinden sich auch die Gräber vieler Prominenter des 19. Jahrhunderts. Soldaten und hochrangige Beamte wurden zeitweise auch auf dem Areal an der heutigen Straße → *Am Soldatenfriedhof* beigesetzt.

Neue Straße: Hier, praktisch in der Fortsetzung der → *Harburger Schloßstraße*, wurde → *Harburg* erweitert, als viele Bürger um 1650 ihre Häuser im älteren Teil des Ortes verlassen mussten. Grund war eine Vergrößerung des Festungsbaus. Die Neue Straße war seinerzeit eine Art Neubaugebiet, das nach Plan zwischen heutiger Bahnlinie und der → *Eißendorfer Straße* angelegt wurde. Aus lateinischen Inschriften konnten Historiker feststellen, dass die Fachwerkhäuser damals im älteren Teil Harburgs nahe des → *Schlosses* zerlegt und im Bereich der Neuen Straße wieder aufgebaut wurden.

Neuländer Baggersee: Der Baggersee in Neuland ist durch die Sandgewinnung des Betonwerks „neuland beton" entstanden. Nach dem Auslaufen der Pachtverträge gab es ein langes Tauziehen um die künftige Nutzung. Gegen Freizeit und eine geplante Wasserski-Nutzung führte die Verwaltung ökologische Bedenken an, die sie dort zwischen → *Autobahn* und Gewerbegebiet zu entdecken glaubte. Doch die Bürger setzten sich schließlich durch, so dass der See zum Freizeitgewässer wurde. Während des Wahlkampfs 2001 machte die SPD/GAL-Regierung in Hamburg schließlich Nägel mit Köpfen. Vorgestellt wurde ein millionenschweres Freizeit-Konzept, das einerseits Baden, Tauchen, Segeln und Wasserski ermöglichen soll, andererseits aber auch dem Naturschutz Rechnung trägt.

Winterliche Stimmung: die feuchten Wiesen in Neuland.

Neuland: Bereits im 13. Jahrhundert wurde mit Unterstützung der Harburger Herzöge in dem

Die historische Industrie-Architektur der New-York Hamburger Gummi-Waaren Compagnie an der Neuländer Straße soll auch im Falle einer Produktionsverlagerung erhalten bleiben.

fruchtbaren Marschland gesiedelt. Als Anreiz erhielten die Neusiedler bestimmte Privilegien – so zahlten sie etwa weniger Steuern, und die Gemeinde bekam mehr eigene Rechte als vergleichbare Siedlungen. Die Selbstverwaltung des Landes durch die Bewohner hat sich in manchen Strukturen bis heute in Form von Interessengemeinschaften gehalten. Heute hat Neuland allerdings zwei unterschiedliche Gesichter: Da ist zum einen die Struktur des alten Marschhufendorfes, auf der anderen Seite der → *Autobahn* bestimmen Gewerbegebiete, → *Kleingärten* und die Siedlung am Wohlersweg das Bild. Gut 1 400 Menschen wohnen heute in dem Stadtteil, in dem der letzte → *Storch* im Süden Hamburgs brütet.

New-York Hamburger Gummi-Waaren Compagnie: Diese alte Harburger Fabrik ist heute unter anderem Marktführer bei Profi-Kämmen. Die Aktien halten eine Reihe von Hamburger Geschäftsleuten. Das alte, 1870 gebaute Fabrikgebäude an der → *Nartenstraße* ist wegen seiner aufwändigen Fassaden-Architektur unter Denkmalschutz gestellt worden. Dort sollen Büroräume und Wohnungen gebaut werden, während die NYH in Hausbruch den Bau einer kompletten neuen Fabrik plant.

Niemandes Land: Das umstrittene Kunstwerk schmückt den Eingang des → *Alten Friedhofs* an der → *Bremer Straße*. Der im Quadrat aufgeschüttete Erdwall ist seit Jahren bewusst sich selbst überlassen – eben niemandes Land. Spötter bezeichnen ihn schlicht als Elefantengrab.

NIT: Das Northern Institute of Technology ist in den 90er-Jahren von dem ehemaligen Präsidenten der → *TU Harburg*, Hauke Trinks, gegen

So sah es viele Jahre im idyllischen Östlichen Bahnhofskanal aus. Heute liegen hier kaum noch Boote.

die anfängliche Skepsis der Politik durchgesetzt worden. Es ist unmittelbar der TU Harburg angegliedert und wird durch die Privatwirtschaft unterstützt. Die Idee: Ausländische Studenten, die hier studieren, werden später als Führungskräfte in ihren Ländern eine enge Bindung an Hamburg und Deutschland haben – was sich für die deutsche Wirtschaft nur positiv auswirken könne.

Nobléestraße: Ein Franzose in → *Harburg*: Henri Joseph Noblée (1806 - 1879) war als Vertreter eines Pariser Herstellers von damals neuartigen Straßenlampen nach Hamburg gekommen. Die Stadt Harburg konnte er 1851 von seinen Lampen überzeugen, die mit einem aus Kohle gewonnenen Leuchtöl betrieben wurden. Wenig später gründete Noblée praktischerweise eine Öl- und Gasfabrik in Harburg.

Nöldekestraße: Heute wird der Straßenname meist in Verbindung mit der gleichnamigen Jugend-Freizeiteinrichtung genannt. Benannt ist die Straße nach dem in → *Harburg* geborenem Professor Theodor Nöldeke (1836 – 1930). Nöldeke galt als einer der bedeutendsten deutschen Koranforscher. Wenige Jahre vor seinem Tod bekam er von seiner Geburtsstadt Harburg die Ehrenbürgerschaft verliehen.

Nörgeln: Lieblingsbeschäftigung des gemeinen Harburgers: Während sich die wahren Hanseaten nördlich der Elbe in Understatement und feiner Lebensart üben, ist der Harburger eher ein Hanseat light. Schlimmer noch: Statt sich zurückzuhalten, schnoddert er mit Vorliebe in der Gegend herum und erregt sich auf geradezu masochistische Weise über völlig unwichtige Dinge. Wenn ihm etwas nicht passt (und ihm passt vieles nicht), dann geigt er seinem Gegenüber bodenständig die Meinung. Da war er wieder, der alte Niedersachse...

Normannisches Feld: Vier Steinquader, die auf dem Rasen zwischen dem → *Rathaus* und dem dahinterliegenden → *Bauamt* künstlerisches Flair verbreiten sollen.

O

Östlicher Bahnhofskanal: Das Hafenbecken im Harburger → *Binnenhafen* erinnert mit seinem Namen an seine frühere Funktion. Der erste → *Harburger Bahnhof* lag im 19. Jahrhundert noch mitten im Hafen. Im Östlichen und im → *Westlichen Bahnhofskanal* fand der direkte Umschlag von der Schiene aufs Schiff und umgekehrt statt. Die letzten Jahrzehnte war dieser Kanal an der → *Nartenstraße* eher Heimat vieler Träume: Die unterschiedlichsten Schiffs- und Bootseigner bauten hier an ihren manchmal recht eigentümlichen Fahrzeugen. Nur wenige schafften es tatsächlich, den Traum der großen Fahrt Wirklichkeit werden zu lassen. Viele aber bastelten und bastelten... Zeitweise war der Ruf der Liegeplatz-Inhaber im „Östlichen", wie der Kanal in der Hafenszene genannt wurde, daher nicht sehr gut. Seit einiger Zeit ist der Kanal aber geräumt: Er soll einmal Zentrum des neuen Stadtteils → *HafenCampus* werden. Die Wasserqualität ist übrigens ganz gut, eine Reihe von Fischen sind dort zu beobachten. Grund ist die stete Zufuhr von saubererem Seevewasser, das aus dem → *Seevekanal* zufließt.

1880 wurde der Palmspeicher am Westlichen Bahnhofskanal gebaut. Heute beherbergt er Hightech-Unternehmen und ein Restaurant.

P

Palmspeicher: Der mächtige Ziegelbau am → *Westlichen Bahnhofskanal* im → *Binnenhafen* wurde etwa 1880 gebaut und diente tatsächlich als Speicher für Palmen-Produkte. Palmkerne waren der Rohstoff der nahen Thörl-Oelfabrik. Völlig anderes Leben herrscht in dem Palmspeicher allerdings seit August 1996. Aus dem Speicher wurde ein schickes Restaurant. Er ist mit dem Platz vor dem Kanal so etwas wie das Aushängeschild für den Wandel im Binnenhafen. Da tat es dem

Ambiente auch keinen Abbruch, als Binnenhafen-Investor Arne Weber das Restaurant kurze Zeit später wieder schloss und ein provisorisches Büro daraus machte, bis er für seine Mieter des Hightech-Betriebes bbcom nebenan in Rekordzeit ein neues Bürohaus als erstes so genanntes → *Channel-Gebäude* gebaut hatte. Inzwischen ist der Palmspeicher wieder geöffnet und abendlicher Treffpunkt vieler Beschäftigter des Hightech-Areals → *Channel-Harburg*.

Park-Leitsystem: Trotz wissenschaftlicher Unterstützung hat's nicht funktioniert: Das Harburger Park-Leitsystem zeigt zwar auf großen Tafeln an, wo im „Bereich Süd" oder „Nord" freie Parkplätze sind. Doch die Leute, die zu → *Karstadt*, in die → *Lüneburger Straße* oder zum → *Rathaus* wollen, können damit herzlich wenig anfangen. Die Hinweistafeln sind für Autofahrer zu unübersichtlich – vor allem, wenn sie ortsfremd sind. Ansonsten gilt in Harburg: Wer einen freien Parkplatz findet, für den ist der Tag gerettet...

Paternoster: Siehe → *Finanzamt*.

Paul-Gerhardt-Kirche: Nach dem berühmten Kirchenmusiker Paul Gerhardt ist die Wilstorfer Kirche benannt, die 1938 eingeweiht wurde. In den Jahrzehnten zuvor hatten die Gottesdienste lediglich in einer kleinen Kapelle stattgefunden.

Petersdorferstraße: Hans von Petersdorf (1585 – 1657) war 1642 als Oberhauptmann nach → *Harburg* geschickt worden, nachdem der letzte Herzog der Harburger Linie verschieden war. Bevor Petersdorf in vergleichsweise hohem Alter diesen Posten antrat, war er Hofmarschall in Celle gewesen.

Phoenix-Center: Dass der Senat im Jahr 2000 grünes Licht für dieses riesige → *Einkaufszentrum* an der → *Moorstraße* gab, hatte vor allem politische Gründe: Die Geschäftsführung der → *Phoenix-Werke* hatte mit der Produktionsverlagerung gen Osten gedroht – für den Fall, dass ihr Grundstück nicht an die Investoren ECE und Büll & Liedtke verkauft werden könne. Aus Sorge um die Arbeitsplätze stimmte die Politik daher zu. Voraussetzung war aber eine Art Arbeitsplatzgarantie, die Betriebsrat und Geschäftsleitung für den Standort Harburg ausgehandelt hatten.

Phoenix-Viertel: Es gibt Harburger, die wohnen ausgesprochen gerne im Phoenix-Viertel. Und es gibt Harburger, die sich kaum trauen, dort einen Schritt zu machen. Wohl kein anderer Stadtteil Harburgs ist in den vergangenen Jahren so oft als soziales Spannungsgebiet in den Schlagzeilen gewesen, wie dieses Viertel zwischen → *Kalischerstraße*, → *Maretstraße*, Hohe Straße und → *Wilstorfer Straße*. Rund 10 000 Menschen wohnen in den drei- und viergeschossigen Mietshäusern, darunter ein erheblicher Anteil von Zuwanderern, die sich in diesem traditionellen Arbeiterwohngebiet recht heimisch fühlen. Denn das Phoenix-Viertel war schon immer auch Wohnort von mittellosen Menschen, die sich in Deutschland eine neue Zukunft schaffen wollten und in Harburg gelandet waren. Seien es die polnischen Einwanderer Anfang des 20. Jahrhunderts oder Griechen, Portugiesen und Türken in den 60er- und 70er-Jahren. In einem solchen Stadtteil fällt ein Neuankömmling kaum auf. Wer noch fremd ist im neuen Land, fühlt sich hier schnell wieder zu Hause. Und in der Regel gelang die Integration. Erst in jüngster Zeit gab es erhebliche Probleme, weil skrupellose Hausbesitzer und eine nicht gerade aufmerksame Verwaltung eine Konzentrati-

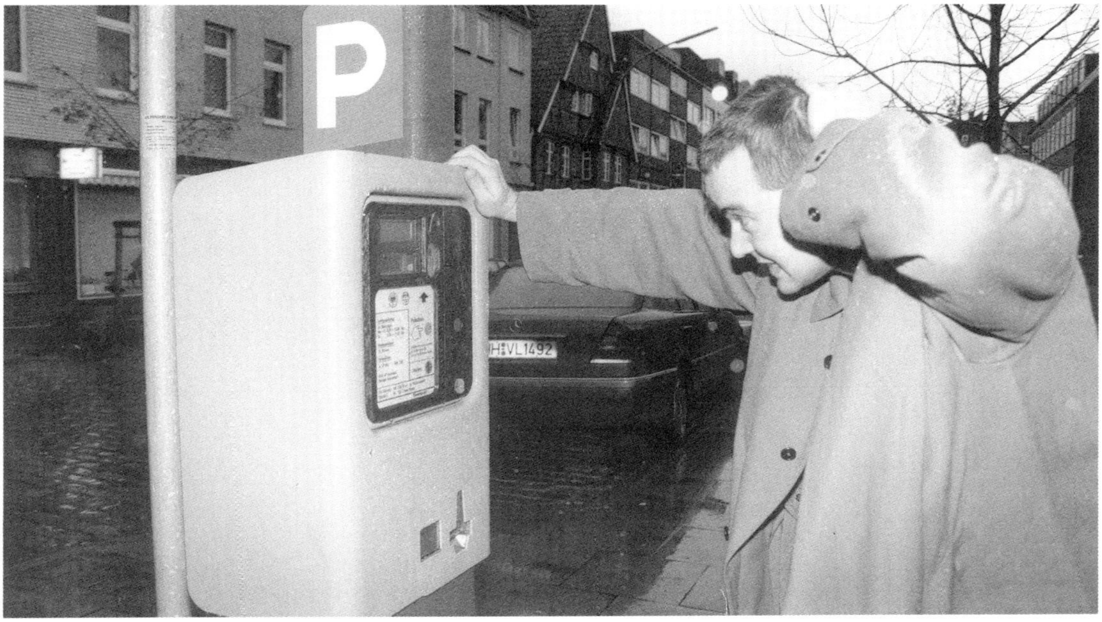

Parken in Harburg ist ein trauriges Kapitel – zumindest wenn man die Parkhäuser scheut.

on von besonders vielen Problem-Familien zuließen. Aber es existiert auch eine andere Seite des Phoenix-Viertels: So gibt es eine Reihe von Initiativen und Vereinen, die die Nachbarschaft im Viertel besonders pflegen. Mit sozialen Problemen und den Folgen von Armut haben Vereine und Initiativen im Phoenix-Viertel im Übrigen von Beginn an zu kämpfen. Ende des 19. Jahrhundert wurde das bergige Gelände mit den ersten dreigeschossigen Mietshäusern in unmittelbarer Nähe der großen Fabriken (wie eben den → *Phoenix-Werken*) gebaut. Typisch waren zu dieser Zeit völlig schmucklose Wohnbauten ohne Vorgärten, so dass möglichst viele Menschen möglichst billig untergebracht werden konnten – auch eine Tradition, die sich in teilweise illegalen Hinterhofhäusern bis heute fortsetzt. Stuck-Verzierungen an den Häusern kamen erst nach der Jahrhundertwende auf, als die Wirtschaft in → *Harburg* besonders florierte. Dennoch änderte auch das nichts an den sozialen Problemen, die es schon damals gab.

Bemerkenswert ist da die Tradition der Kinderbetreuung: Heute ist es beispielsweise das Kennedy-Haus, das sich um Kinder und Jugendliche kümmert, die manchmal in ihren Familien wenig Rückhalt finden. Doch auch um die Jahrhundertwende gab es solche Initiativen. Der Harburger Frauenverein betreute beispielsweise in einer Einrichtung an der → *Eddelbüttelstraße* Vorschulkinder, deren Eltern in den Fabriken arbeiten mussten. Es gab seinerzeit sogar ein Säuglingsheim mit gut 60 Plätzen für Pflegekinder, deren Väter und Mütter sich wegen Armut, Krankheit oder Gefängnisstrafen nicht mehr um ihren Nachwuchs kümmern konnten.

Phoenix-Werke: Die Phoenix-Werke gehören seit rund 150 Jahren zu den größten Firmen Harburgs. Wie kaum ein anderes Unternehmen ist die Gummifabrik mitten in der Stadt mit der jüngeren Geschichte Harburgs verbunden. Mit dem → *Phoenix-Viertel* trägt sogar ein ganzer Stadtteil den Namen der Aktiengesellschaft, deren Vorläufer 1856 von den Brüdern Albert und Louis Cohen gegründet worden war. Die Gummifabrik war seinerzeit einer der ersten → *Industrien* an der → *Süderelbe* und in → *Harburg* daher maßgeblich an dem Wachstum der Stadt beteiligt. Hergestellt wurden dort Gummischuhe, Kämme und später auch Auto- und Fahrradreifen. Kurz vor dem → *Zweiten Weltkrieg* arbeiteten bei der Phoenix 4 000 Leute, in den 60er-Jahren waren es sogar rund 8 000. Doch seitdem wurde die Zahl der Phoenix-Mitarbeiter immer kleiner in Harburg. Mittlerweile sind etliche Produktionsbereiche in Länder verlagert, die ein deutlich geringeres Lohnniveau haben. Knapp 2 000 Menschen arbeiten heute am Phoenix-Standort Harburg. Unter anderem werden hier Baggerschläuche und Förderbänder hergestellt. Große Hoffnungen setzen Betriebsrat und Geschäftsführung auf neue Luftfedern für die Pkw-Industrie. Erste Erfolge mit Luxusautos konnte Phoenix für sich verbuchen und setzt nun auf Wachstum in diesem Bereich. An der Hörstener Straße entstehen neue Produktionsstätten. Alte Gebäude im Stadtkern an der → *Moorstraße* werden dagegen umgenutzt: so für das Einkaufszentrum → *Phoenix-Center* und die große Falckenberg-Kunstsammlung in den älteren Phoenix-Hallen.

Pionier-Kaserne: Sie stammt aus dem Jahr 1880, also aus dem vorletzten Jahrhundert, und hat eine wechselvolle Geschichte hinter sich: die Pionier-Kaserne am Rande des → *Schwarzenbergs* in → *Heimfeld*. Ursprünglich für das 2. Bataillon des Hanseatischen Infanterie-Regiments 75 gebaut, zogen schon wenige Jahre später die Pioniere ein, die der Kaserne bis heute den Namen gaben. Mit Soldaten hat das städtische Gebäude, das ein Stück Harburger Garnisonsgeschichte darstellt, schon lange nichts mehr zu tun, wohl aber mit Pionieren – die Räume werden unter anderem von der → *TU Harburg* genutzt.

Vom Abriss bislang verschont geblieben: die alte Pionierkaserne auf dem Schwarzenberg.

Polizei: → *Harburg* besitzt heute zwei Polizeiwachen und ist an der → *Wilstorfer Straße* Sitz der Hamburger Polizeidirektion Süd, die auch für Bergedorf zuständig ist. Über den den westlichen Bereich Harburgs wacht die Polizei in der Wache → *Knoopstraße*. Dort, in der Nähe des → *Bauamts*, ist der traditionelle Sitz der Harburger Polizei. Das Gebäude der Polizeiwache in der → *Nöldekestraße* hat ebenfalls Tradition, wenn auch eine ziemlich düstere. Während der Nazi-Zeit hatte dort von 1933 bis 1939 die Gestapo ihr Quartier. Eine Bronzetafel aus dem Jahr 1986 erinnert an Sinti und Roma, die dort verhaftet und in Konzentrationslager gebracht worden waren.

Post: Das Jahr 2001 wird zweifellos in die Geschichte der Harburger Post eingehen, denn in

Dieses markante Gebäude ist mittlerweile Geschichte: Das historische Postamt am Rathausplatz musste dem Einkaufszentrum Harburg Arcaden weichen. Es soll als Neubau rekonstruiert werden.

diesem Jahr wurde das „Kaiserliche Postamt zu Harburg/Elbe", eingeweiht am 15. November 1890, dem Erdboden gleich gemacht. Der markante Bau am → *Harburger Rathausplatz* ist dem Neubau der → *Harburg Arcaden* gewichen. Immerhin: Die Investoren wollen den Teil des Zentrums, der der Post entspricht, originalgetreu nachbauen, damit zumindest die Optik am → *Deichhausweg* wieder stimmt. Ähnlich leidvoll ist die Geschichte des modernen Pendants zur alten Post: Das Postamt 90 hinter dem Bahnhof wurde in den 80er-Jahren errichtet, doch dann folgte die Postreform und ein Briefzentrum musste her. Es steht in Hausbruch. Dort werden nun die Briefe sortiert, und das fast neue Postamt 90 ist im Grunde überflüssig. Tolle Planung – und alles mit Briefmarken finanziert.

R

Rathaus: In → *Harburg* geht man auch heute noch ins Rathaus, obwohl es seit 1937 eigentlich nur noch ein → *Bezirksamt* ist. Dennoch lässt sich wohl an keinem anderen Ort noch soviel Atmosphäre der früheren Harburger Selbstständigkeit schnuppern wie in diesem 1892 gebauten Verwaltungsbau im Herzen der Stadt. Seinerzeit wurde das Rathaus auf einem fast neuen Platz gebaut, der durch die Zuschüttung des Walkmühlenteichs geschaffen worden war. Grund war der enorme Bevölkerungszuwachs seit der → *Industrialisierung*, die Mitte des 19. Jahrhunderts eingesetzt hatte. Das alte Stadthaus am → *Sand* war seinerzeit zu klein geworden, so dass 1888

der Magistrat einen Architektur-Wettbewerb ausschrieb. Gewinner wurde der damals bekannte Hannoversche Architekt Christoph Hehl, der sich und sein Vorbild Conrad Wilhelm Hase in Porträts über den beiden mittleren Eingangssäulen selbst verewigt hat. Etwas darüber wachen weibliche Figuren über die Geschicke der Stadt: „Justitia" sorgt für Gerechtigkeit, „Prudentia" für die Klugheit der Entscheidungen, die der Rat im Inneren des neugotischen Backsteinbaus zu treffen hatte.
Heute berät in dem mit vielen Holzschnitzereien ausgestatteten Ratssaal die → *Bezirksversammlung*. Das ehrwürdige Interieur scheint dabei zu inspirieren: Nicht selten gibt es auch heute im Rathaus manche bedeutungsvolle Debatte – auch wenn die Bezirksversammlung kaum noch etwas zu entscheiden hat. Die wirklich großen Entscheidungen für Harburg werden in einem anderen Rathaus getroffen, das jenseits der Elbe steht.

Reinholdstraße: Die Geschichte dieser Straße hat einen gewissen Witz: Wie viele Straßen im Phoenix-Viertel trug diese Straße zuvor einen Namen, der den Nazis gar nicht passte. Doch die Harburger „Marxstraße" war gar nicht nach Karl Marx, sondern bereits seit den 80er-Jahren des 19. Jahrhunderts nach dem Harburger Kaufmann Carl Heinrich Joachim Marx (1797 - 1866) benannt worden. Wer der Reinholdstraße den Namen gab, ist nicht bekannt.

Rieckhof: Das Kultur- und Veranstaltungszentrum an der → *Rieckhoffstraße* wird durch einen gemeinnützigen → *Verein* getragen. Angegliedert sind eine gemütliche Kneipe und verschiedene Seminarräume. In der eigentlichen Halle finden Veranstaltungen der unterschiedlichsten Art statt: Disco, Hobby-Messen, Vorträge, Konzerte oder auch mal Treffen von Fans der TV-Serie Raumschiff Enterprise...

Rieckhoffstraße: Oft zitiert wird diese kleine Straße, weil dort das Kulturzentrum → *Rieckhof* zu Hause ist. 1950 wurde sie nach dem Pazifisten Adolf Rieckhoff (1858 – 1945) benannt. Von 1927 bis 1935 hieß die Straße allerdings nach einem SPD-Politiker Ludwig-Frank-Straße. Weil Frank Jude war, änderten die Nazis den Straßennamen in Konradstraße.

Riepenhausenweg: Christian Wilhelm Riepenhausen (1712 – 1755) war → *Bürgermeister* in → *Harburg*.

Rönneburg: Der dörfliche Charakter des Harburger Stadtteils Rönneburg ist noch an vielen Stellen und Häusern zu erkennen. Grund dafür ist ein relativ später Beginn der städtischen Wohnbebauung. Während die anderen Harburger „Dörfer" bereits um die Jahrhundertwende im Zuge der Industrialisierung Wohnort der wachsenden Bevölkerung wurden, ging es in Rönneburg erst in den 60er-Jahren des 20. Jahrhunderts los. Heute zählt der Stadtteil rund 3400 Bewohner, die zum Teil im Niederungsgebiet und auf einem hohen Geestrücken wohnen. Hier auf dem → *Burgberg* stand einmal eine → *Burg*, die aus einem Erdwall und Holz-Palisaden gebaut worden war und die den Namen „Rönneburg" auch geprägt hat. Von dem Geesthügel der Rönneburg ließ sich so die weite Marsch bewachen. Ein Teil dieser Burganlage wurde bei Sandabgrabungen jedoch zerstört, bis die Anlage 1941 in die Denkmalliste aufgenommen wurde. Zu Rönneburg gehören auch die Straßen → *Kanzlershof* und → *Kanzlerstraße*. Hier befand

Das waren noch Zeiten: Um die Jahrhundertwende trafen sich die Harburger zum Promenadenkonzert vor ihrem Rathaus.

sich bis 1910 noch ein Rittergut, das für den damals neuen Rangierbahnhof abgerissen wurde. Die beiden Straßennamen erinnern daran. Urkundlich erwähnt wurde Rönneburg erstmals im 13. Jahrhundert. 1645 wurde das Dorf eines von zehn Vogteien des Amts Harburgs.

Roggestraße: Der Harburger Hans Rogge (1873 – 1923) war Wasserbaudirektor und machte sich auch in Kiel beim Bau der Schleuse zum Nord-Ostsee-Kanal einen Namen.

Roseggerstraße: Die nach einem österreichischen Schriftsteller benannte Straße in Rönneburg hieß bis 1947 noch Paul-Bäumer-Straße. Der 1896 geborene Bäumer war Jagdflieger im Ersten Weltkrieg und später in → *Harburg* Zahnarzt. 1927 starb er bei einem Flugzeugabsturz in der Nähe von Kopenhagen.

S

Salzburger Häuser: Einst waren hier in unmittelbarer Nähe zum heutigen → *Rathaus* in kleinen Häusern Glaubensflüchtlinge aus dem Salzburger Land untergebracht. Heute erinnert daran allerdings nur noch eine Gedenktafel und die Bezeichnung Salzburger Häuser.
Auf dem Standort hat das mittlerweile in die Pleite gerutschte Consulting-Unternehmen Hanseatica Anfang der 90er-Jahre das → *Arbeitsamt*, ein Studentenwohnheim und weitere Räume geschaf-

fen, in denen sich unter anderem das Sozialamt befindet.

Sand: Der → *Markt* auf dem Harburger Sand ist eine Institution und ziemlich einmalig in Hamburg, weil er im Sommer wie im Winter jeden Vormittag stattfindet. Der Name Sand ist eine sehr alte Flurbezeichnung. Von hier führte bereits im 16. Jahrhundert eine Art Damm durch den Sumpf bis zur Burg, die im 17. Jahrhundert zum Schloss ausgebaut wurde. Durch viel Bewegung auf dem sandigen, nährstoffarmen Boden des Geestrandes war dann der blanke Sand vermutlich an vielen Stellen zu sehen. Nicht zuletzt auch deshalb, weil hier der Adel eine Reitbahn angelegt hatte. Im 16. Jahrhundert wurden dort die ersten Häuser gebaut. Ein Markt und früher auch Aufmärsche der Schützen gaben dem Platz schon seit langer Zeit einen zentralen Charakter. Bis Mitte des 19. Jahrhundert befand sich hier auch das → *Rathaus* der Stadt.
1965 wurde der Platz wegen des stark zunehmenden Straßenverkehrs umgestaltet, so dass die jetzt freie Marktfläche entstand. Eine ganze Häuserzeile wurde abgerissen und durch eine Art Galerie-Bebauung ersetzt, die den Planern modern und großstädtisch erschien. Allerdings hat der Sand durch diese stark betongeprägte 60er-Jahre-Architektur viel von seinem früheren Charme verloren. Immer wieder gibt es daher Ideen von Investoren, diesen zentralen Platz Harburgs wieder neu zu gestalten. Es könnte sich lohnen. Schließlich ist bei den umfangreichen Gutachten für neu geplante Einkaufszentren im Jahr 2000 herausgekommen, dass der Markt zwar innerhalb Harburgs einen großen Bekanntheitsgrad genießt, von Umlandbewohnern aber kaum wahrgenommen wird. Im Bemühen um mehr Zentralität könnte ein „neuer Markt" daher nach Ansicht von Gutachtern viel dazu beitragen, dass Harburg wieder von mehr auswärtigen Kunden besucht wird.

S-Bahn: Die Einweihung der S-Bahn-Strecke zwischen Hamburg und → *Harburg* geriet am 23. September 1983 zu einem großen Volksfest. Rund 8000 Menschen kamen zum offiziellen Festakt auf den → *Harburger Rathausplatz*. Im Fünf-Minuten-Takt fährt seitdem die S 3 zwischen Harburg und Hamburger Hauptbahnhof (und von dort aus weiter nach Pinneberg am anderen Ende der Hansestadt). Doch die zehnjährige Bauzeit hatte auch tiefe Narben ins Harburger Stadtbild geschlagen. Im Einklang mit den Sanierungsplänen wurde praktisch die gesamte → *Innenstadt* umgegraben. Viele alte Häuser wurden einfach abgerissen. Auch der → *Harburger Ring* ist ein Kind des S-Bahn-Baus. Kaum beschlossen, wurde die Stadtbahn Anfang der 70er-Jahre bereits als Quantensprung moderner Verkehrsplanung, als Schulterschluss mit Hamburg, ja sogar als Sinnbild für ein neues Zeitalter großstädtischer Entwicklung gefeiert. Als sie dann endlich fertig war, gab es zumindest im Einzelhandel auch leisere Töne. Denn die erwarteten Hamburger blieben aus, stattdessen wanderten die Kunden und mit ihnen die Kaufkraft noch stärker Richtung City Hamburg ab. Immerhin: Für Pendler ist die S 3 ein Segen, und auch die Kleindealer zwischen Hammerbrook und → *Heimfeld* haben ihr Auskommen. Die Strecke gilt als idealer Umschlagplatz für Drogen, und die Zahl der „polizeirelevanten Zwischenfälle" spricht für sich.

Scharnhorsthöhe: Auf dem Gelände der ehemaligen Scharnhorstkaserne in → *Heimfeld* wurden in den 90er-Jahren Reihen- und Mietshäuser im Sozialwohnungsbau gebaut. Anwohner hatten zuvor gegen eine aus ihrer Sicht zu dichte Bebauung – erfolglos – protestiert. Später zeigten sogar Befürworter des Konzepts Einsicht, dass eine lockere Einfamilienhausbebauung besser ins Viertel gepasst hätte.

Schellerdamm: Noch vor wenigen Jahren war sie eine der wenig beachteten Industriestraßen im Harburger → *Binnenhafen*. Seit den 90er-Jahren ist sie aber auch beste Adresse für Liebhaber der feinen Küche. Nach dem Umbau einer alten Seifenfabrik zog dort außer der → *Telekom* auch das Edel-Restaurant → *Marinas* von Starkoch Michael Wollenberg ein. Benannt ist die Straße nach dem Harburger Kaufmann Emil Scheller (1837 – 1922).

Schiller-Büste und Schiller-Brunnen: Zum 100. Geburtstag des Dichters Schiller bauten die Harburger 1859 nach dem Entwurf ihres Stadtbaumeisters Emil Hackländer einen großen Schiller-Brunnen samt Büste auf den → *Sand*. Der Brunnen war lange Zeit Markenzeichen des Platzes. Bei der ersten Umgestaltung des Sands wurde der Brunnen 1927 abgerissen und die Büste im → *Stadtpark* aufgestellt. Seit einigen Jahren aber steht sie wieder am Sand – allerdings hat sie von ihrer früheren Dominanz viel eingebüßt.

Schleuse: Der Schleuse zur → *Süderelbe* verdankt der Harburger → *Binnenhafen* seine Unabhängigkeit von Ebbe und Flut. Das nach dem Krieg vergrößerte Strombauwerk ist Tag und Nacht besetzt.

Schloss: Wie wenig Rücksicht früher auf historische Bauten in → *Harburg* genommen wurde, zeigt das Beispiel des Schlosses, dessen Reste

Durch die Schleuse ist der Binnenhafen tideunabhängig.

heute zwischen Gewerbebetrieben mitten im → *Binnenhafen* stehen und als Wohngebäude genutzt werden. Ursprung ist eine Burganlage im Sumpf, die Horeburg, die den Namen Harburg geprägt hat. Im Keller ist jedoch noch ein sehr altes Kreuzgewölbe zu bewundern. Außerdem ist der ehemalige Flügel vor einigen Jahren so restauriert worden, dass man sich mit ein wenig Fantasie ein kleines Schloss vorstellen kann.

Schloßmühlendamm: Der Name dieser Straße wurde 1950 praktisch geadelt; zuvor hieß sie schlichter „Mühlenstraße". Grund für beide Bezeichnungen ist eine ehemalige Mühle am → *Seevekanal*. Sie gab es zwar schon etliche Jahrhunderte ungefähr an der Stelle, wo heute der Fußgängertunnel von der → *Neuen Straße* mündet. Doch erst im 19. Jahrhundert setzte ihr damaliger Besitzer auf besseres Marketing, als

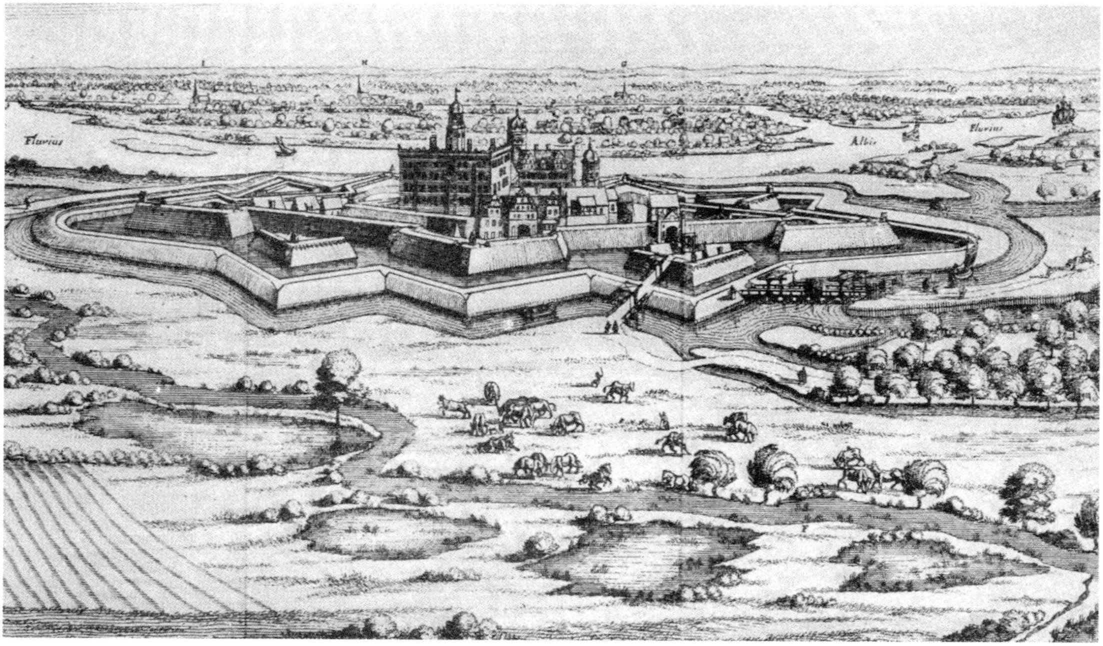

Vom Schwarzenberg aus betrachtet: Die Zitadelle mit dem Harburger Schloss lag in der Marsch, wie diese Ansicht aus dem 17. Jahrhundert zeigt.

er sie in „Schloßmühle" umtaufte. Wie weit das seinen Umsatz angekurbelt hat, ist nicht mehr bekannt. Aber nachhaltige Wirkung hat er – wie man sieht – jedenfalls damit erzielt.

Schöne Hannoveranerin: So heißt die Kanone der Harburger → *Schützengilde*, die beim Ummarsch durch die → *Innenstadt* gezogen wird und hin und wieder auch mal ein flottes Schüsschen zum Besten gibt.

Schorchtstraße: August Schorcht (1826 – 1885) war Rechtsanwalt und → *Bürgermeister* in → *Harburg*.

Schützengilde: Die Harburger Schützengilde von 1528 ist zweifellos der älteste Harburger → *Verein*, der bis heute überlebt hat. Gegründet wurde sie von Herzog Otto I., der damals eine Bürgerwehr organisieren wollte. Als Beleg für dieses Datum gilt sein eigenes Königsschild, das bis heute die Königskette der Gilde ziert. 1705 wurden die Schützengilden landesweit aufgehoben. Auch das Schützenwesen in → *Harburg* kam zum Erliegen. Nach dem Ende der napoleonischen Kriege wurde die alte Tradition 1818 jedoch wieder aufgenommen. Von da an fand das → *Vogelschießen* kontinuierlich statt.

Die Gilde wird von der Deputation geführt. Der erste und zweite Patron sind die amtierenden Vorsitzenden – eine Aufgabe, die innerhalb der Deputation rotiert. Der Kommandeur gibt die Kommandos beim Ausmarsch durch Harburg und leitet das Vogelschießen. Die beiden Schaffer unterstützen den König – zum Beispiel beim An- und Ablegen der schweren Kette, die mehr als 20

Kilogramm wiegt. Das Schießen wird durch die vier Kapitäne organisiert. Zu nennen sind noch die Fahnenjunker samt Marketenderin und die Knopfsergeanten. nnerhalb der Gilde gibt es ein gutes Dutzend Schießclubs, die alle einen eigenen König haben und sich in der Regel auch an den Veranstaltungen der Sportvereinigung, also der aktiven Schützen beteiligen. Der gemeine Schütze findet sich in der Kompanie wieder – selbst, wenn er gar kein Aktiver ist.

Schuhgeschäfte: Nirgends auf der Welt gibt es eine höhere Dichte an Schuhgeschäften als in der Harburger → *Innenstadt* (siehe auch → *Apotheken*). Es heißt: Wer in Harburg hinfällt, liegt mit 50-prozentiger Wahrscheinlichkeit direkt vor einem Schuhgeschäft...

Schulen: Wie in vergleichbaren Städten sind in → *Harburg* alle Schulformen vertreten. Bemerkenswert ist die friedliche Koexistenz zwischen → *Gesamtschule* und Gymnasien. In einigen Fächern der höheren Klassen gibt es durchaus Kurse, die schulübergreifend besetzt werden. Sogar Preise bei Hamburger Schulwettbewerben erzielten diese „gemischt-schulischen" Verbindungen – während andernorts ideologische Grabenkämpfe zwischen beiden Schulformen stattfinden.

Ein Stück Gilde-Geschichte: Dieses erste Schild für die Königskette spendierte Gilde-Begründer Herzog Otto I. im Jahr 1528.

Schulgarten: Teil des → *Stadtparks*: Dort an der Hohen Straße werden Gärten verschiedener historischer Epochen gezeigt.

Schwarzenberg: Für diese parkähnliche Anhöhe mitten in → *Harburg* gab es schon immer die Bezeichnung Schwarzenberg – obwohl sie kurzfristig offiziell auch einmal die Namen → *Kaiserplatz* und während der Nazizeit „Hermann-Göring-Platz" bekommen hatte. Der Schwarzenberg ist traditioneller Exerzierplatz in der früheren Garnisonsstadt Harburg. Außerdem befand sich hier früher der Gerichtsplatz. Seit 1818 findet auf dem Schwarzenberg auch das traditionelle → *Vogelschießen* statt. Auch für die jährliche Verbrauchermesse „Schaufenster Harburg" sowie Zirkus-Veranstaltungen ist der Schwarzenberg der angestammte Platz.

Schwarzenbergstraße: Der Anfang des → *Alten Postwegs* heißt seit 1950 Schwarzenbergstraße, davor wurde er einfach „Bergstraße" genannt. In früheren Zeiten wurde der Weg zum → *Schwarzenberg* auch als „Armesünderweg" bezeichnet, weil oben auf dem Hügel der Gerichtsplatz Harburgs war.

Schwimmhalle: Mitten in der Stadt gelegen war die in den 50er-Jahren gebaute Schwimmhalle am → *Harburger Rathausplatz* wohl bis Anfang der 90er-Jahre der Ort, wo die meisten Harburger Schwimmen gelernt haben. Die Umnutzung als neuer Standort für die → *Harburger Anzeigen und Nachrichten* und ein großes Rechtsanwaltsbüro wurde von vielen Harburgern bedauert. Denn als Ersatz haben sie mit dem → *MidSommerland* an der → *Außenmühle* zwar ein modernes neues Bad bekommen, doch richtig schwimmen kann man in der als Spaß- und Erholungsbad konzipierten Einrichtung nicht.

Seehund: Viele Harburger dürften ihn kennen. – den kleinen steinernen Seehund, der viele Jahre den Eingang zur Schwimmhalle am → *Harburger Rathausplatz* bewachte. Seit in dem Gebäude aber die → *Harburger Anzeigen und Nachrichten* und ein Rechtsanwaltsbüro eingezogen sind, steht der Seehund nun am davor platzierten Brunnen und zählt die leeren Bierdosen, die dort immer wieder hineingeworfen werden.

Seevekanal: Den Kanal wird man heute kaum noch finden. Die 1540 angelegte 1,5 Kilometer lange Verbindung zwischen der Seeve und Harburg liegt zumeist unterirdisch in Rohren verborgen. Nur am Seeveplatz vor Marktkauf ist davon im Zentrum Harburgs noch einiges zu sehen. Der Kanal mündet schließlich in den → *Östlichen Bahnhofskanal* im → *Binnenhafen*.

Seeveplatz und Seevepassage: Weil hier kurz der → *Seevekanal* zu sehen ist, heißt der Platz vor dem Einkaufszentrum und dem Eingang zur → *S-Bahn*-Station Harburg-Bahnhof Seeveplatz. Die Seevepassage führt dann bis zum → *Tunnel* zur → *Lüneburger Straße*. Platz und Passage hatten lange Zeit keinen sehr guten Ruf, vor allem der Platz galt als Treffpunkt für Alkohol-Abhängige und Punker. In letzter Zeit gibt es jedoch verstärkte Bemühungen, diesen Teil Harburgs wieder attraktiver zu gestalten.

Siedler und Siedlergemeinschaften: Nicht selten erheben die Siedlergemeinschaften ihr Wort in → *Harburg*, wenn es um Interessen ihrer Stadtteile geht. Obwohl die so genannten Kleinsiedlungen kurz vor oder kurz nach dem → *Zweiten Weltkrieg* gebaut wurden, halten ihre Bewohner auch heute noch eng zusammen und sind in den Siedlervereinen organisiert. Die Tradition der Harburger Kleinsiedlungen geht auf eine Notverordnung aus dem Jahr 1931 zurück. Deutschlandweit sollten während der Krisenjahre so Erwerbslose mit Wohnraum und einem Stückchen Land versorgt werden. Die Kleinsiedlungen wurden dabei meist auf ländlichen Flächen vor der Stadt gebaut – heute erklärt sich dadurch oft der Konflikt ihrer jetzigen Anwohner mit anderen Nutzungen wie beispielsweise Gewerbegebieten oder Autobahnen. Die Verordnung sollte dabei der „Sesshaftmachung und politischen Befriedung" dienen. Die Siedlung am Radeland in → *Bostelbek* stammt aus dieser Zeit: 200 Eigenheime wurden dort in Selbsthilfe errichtet – Doppelhäuser mit Schuppen und großen Grundstücken für Gemüseanbau und Kleintierhaltung. Heute bekommt die Bostelbeker Siedlung oft Preise als schönste Hamburger Siedlung. Ähnlich wie die Siedlung am Radeland entstand auch die Siedlung Wohlersweg in Neuland. Für Arbeitslose baute dort der extra gegründete und gemeinnützige Siedlerverein Harburg-Wilhelmsburg in Selbsthilfe 95 Häuser. Unter den Nazis wurde die Tradition der Kleinsiedlungen weiter verfolgt und ideologisch gestützt. Siedler durften nur jene „minderbemittelten Volksgenossen" werden, die arischer Abstammung sowie national und politisch zuverlässig waren. Allerdings kam es während des Krieges kaum noch zum Bau neuen Wohnraums in Harburg.
In den Zeiten des Wiederaufbaus wurde dann

zur Bekämpfung der Wohnungsnot wieder auf die Notprogramme der Weimarer Zeit zurückgegriffen. So entstanden in Harburg ab 1949 wieder Kleinsiedlungen in Selbsthilfe – so zum Beispiel die Siedlung „Luginsland" in → *Eißendorf*.

Sinstorf: Harburgs südlichster Stadtteil zählt knapp 2700 Einwohner und ist 1937 eingemeindet worden. Die Jahrhunderte davor, bis ins frühe Mittelalter, hatte Sinstorf im Landkreis Harburg eine zentrale Funktion. Neben Tostedt, Hittfeld und Hollenstedt war Sinstorf Zentrum eines großen Kirchspiels, zu dem 17 Dörfer zählten. Heute hat die → *Sinstorfer Kirche* immer noch eine überörtliche Ausstrahlungskraft. Der romantische Feldsteinbau ist ein in Harburg-Stadt und -Land beliebter Ort zum Heiraten.

Sinstorfer Kirche: Die Sinstorfer Kirche am Sinstorfer Kirchweg zählt zu den ältesten Bauwerken im gesamten → *Bezirk Harburg*. Sie stammt etwa aus dem 10. Jahrhundert. Hier hatte das Kirchspiel → *Sinstorf* bis zur großen Strukturreform im Zuge der schrittweisen Eingemeindung Harburger Vororte nach → *Harburg*, später nach Hamburg (→ *Groß-Hamburg-Gesetz*) seinen Hauptsitz. Bis 1948 war die Zentrale in Sinstorf verantwortlich für die → *Auferstehungskirche*, die → *Apostelkirche*, die → *Bugenhagenkirche* und die Erlöserkirche (Vahrendorf). Alle vier wurden damals dem Kirchenkreis Harburg zugeordnet.

Soldat: Es passte in die Zeit der nahen Nazi-Diktatur: Und daher bauten auch die Harburger Stadtoberen 1932 auf Drängen der so genannten Kriegervereine und gegen den Widerstand der SPD ein Soldaten-Denkmal für die Gefallenen des Ersten Weltkriegs. Mit martialischem Blick und das Gewehr geschultert marschiert daher seitdem auch an der → *Bremer Straße* in → *Harburg* eine übergroße Soldatenfigur in Richtung Fußgängerzone. Die verbundene Kopfwunde des Soldaten sollte das neue Deutschland symbolisieren, das den Wunden des Krieges zum Trotz zu neuen Kämpfen schreitet. Die Ironie, dass man für eine solche Ideologie mächtig eines auf den Schädel bekommen haben muss, ist damals offensichtlich niemandem aufgefallen. Seit einigen Jahren ist neben dem Soldat das Denkmal eines weinenden Kindes als eine Art Gegen-Kriegs-Mahnmal aufgestellt. Dass die Harburger ihren Soldaten durchaus nicht ganz so ernst nehmen, belegt ein alter Witz: „Was denkt der Soldat? Noch ein Schritt – und ich fall' runter..."

Das Gewehr geschultert marschiert der Harburger Soldat mit ausladendem Schritt – ein Denkmal aus dem Jahr 1932.

Spargelessen: Höhepunkt des Harburger → *Vogelschießens* der → *Schützengilde* ist das alljährliche Spargelessen im Festzelt auf dem → *Schwarzenberg*. An die 1000 Männer, darunter viele Schützen, die Honoratioren aus Politik, Kirche und Wirtschaft sowie in der Regel der große Hamburger → *Bürgermeister* und der kleine Harburger Bürgermeister, der eigentlich „nur" → *Bezirksamtsleiter* ist, schwitzen bei Spargel, Schinken, Wein und Bier um die Wette und lauschen schmissiger Marschmusik und – je nach Tagesform – ebenso launigen Reden. Höhepunkt des Höhepunkts ist der Wunsch, den der kleine Bürgermeister dem großen mit auf den Weg nach Hamburg geben darf. Und der immer erfüllt wird, so erzählt man es jedenfalls in → *Harburg*...

Honoratioren unter sich: das Spargelessen der Schützengilde im Festzelt auf dem Schwarzenberg.

Sparkasse Harburg-Buxtehude: Viele Kunden sprechen nach wie vor von der Kreissparkasse Harburg, wenn sie die Sparkasse Harburg-Buxtehude meinen. Das Geldinstitut am → *Sand* verdient deshalb eine besondere Erwähnung, weil es zum einen ein urtypisches Harburger Unternehmen ist, zum anderen aber eine historisch gewachsene Kuriosität aufweist, die aus der Zwangseingemeindung Harburgs nach Hamburg (→ *Groß-Hamburg-Gesetz*) herrührt: Die Zentrale steht in → *Harburg* und damit in der Hansestadt Hamburg. Die Filialen und Geschäftsstellen finden sich jedoch fast alle im → *Landkreis Harburg* – also im Land Niedersachsen. Seit der Fusion mit der Sparkasse Buxtehude zur Sparkasse Harburg-Buxtehude hat sich der niedersächsische Schwerpunkt noch verstärkt.

In der Spielbank Harburg bestimmen Automaten die Szene.

Spielbank: Von wegen großes Spiel in → *Harburg*: Wer die Spielbank am → *Lüneburger Tor* betritt, sieht sich unversehens einer Armada aufwändiger Spielautomaten gegenüber. Roulette ist Fehlanzeige, stattdessen gibt's einarmige Banditen und Poker-Automaten. Schließlich standen die Harburger noch nie im Ruf, besonders gut bei Kasse zu sein. Was soll's, werden sich die Spielbanken-Fürsten aus dem reichen Hamburg gedacht haben: Kleinvieh macht auch Mist...

Staatsforst: Der Hamburger Staatsforst, große Waldflächen zwischen → *Eißendorf, Heimfeld* und Hausbruch, wird von zwei → *Förstereien* betreut.

Stadtbad: Vom alten Harburger Stadtbad ist leider nur noch das Gebäude in der → *Bremer*

Der hölzerne Steg im Stadtpark ist Teil des Rundwanderwegs um den Außenmühlenteich.

Straße 18 übrig geblieben. Das Bad selbst ist schon lange geschlossen und umgebaut. Dennoch gilt der dunkle Ziegelbau als interessantes Zeugnis der Architektur der 20er-Jahre. Stadtbaumeister Carl Lembke ließ seinerzeit sogar Elemente von Art Deco in seinen Entwurf einfließen. In den Obergeschossen befanden sich früher Badezellen und Umkleideräume. Im Keller gab es sogar ein Dampfbad, das sich an römischen Vorbildern orientierte.

Stadtpark: Der gut 90 Hektar große Harburger Stadtpark ist das grüne Herz Harburgs. Rund 16 Kilometer Wege durch ein hügeliges Gelände rund um den → *Außenmühlenteich* laden zur Erholung ein. Geradezu klassisch ist die drei Kilometer lange Laufstrecke für Jogger, die rund um den Teich mitten in der Stadt führt. Tretboot-Verleih, die Gaststätte „Zur Außenmühle" und das Freizeitbad → *MidSommerland* mit seiner Saunalandschaft und der Liegewiese tragen ebenso dazu bei, dass das Gelände eine wichtige Freizeitoase Harburgs ist. Im Gegensatz zu den großen Hamburger Stadtparks weist der Harburger Stadtpark zudem eine besondere Gartenarchitektur auf. Sein Planer Georg Hölscher (1866 – 1932) fühlte sich in den 20er-Jahren der Reformbewegung verpflichtet, die auf das Naturerleben setzte. In die vorhandene Topographie griff Hölscher daher nur vorsichtig ein und versuchte vor allem, so genannte Sichtachsen zu schaffen. Offizielle Parkeröffnung war 1926.

Heute bietet der Stadtpark eine Reihe von Besonderheiten: Da ist zum Beispiel der bei Kleinkindern beliebte → *Wasserspielplatz* auf dem erweiterten Parkgelände, das vom Marmstorfer Weg aus zu erreichen ist. Sehenswert sind der Schul- und der → *Blindengarten* nahe der Bushaltestelle Marmstorfer Weg Nord. Der Schulgarten wurde von 1929 bis 1931 von Harburger Lehrern angelegt und zeigt die Gartengestaltung verschiedener geschichtlicher Epochen.

Stadtplanung: Ein düsteres Kapitel Harburger Geschichte. Allerdings: Nicht alles, was heute über das alte → *Harburg* erzählt wird, deckt sich mit den wahren Umständen damaliger Zeiten. Während des → *Zweiten Weltkriegs* war die Stadt stark zerstört worden. Trümmerhäuser und Kriegslücken nach Bombenangriffen bestimmten das Bild. Im Zuge des Wiederaufbaus und der starken Zunahme des Straßenverkehrs wurde die Innenstadt allerdings immer unübersichtlicher. Das war die Ausgangslage für das Projekt → *Innenstadtsanierung*, das einher mit dem Bau der → *S-Bahn* ging und Harburg in den 70er-Jahren ein völlig neues Bild verpasste. Die Rolle der Stadtplanung war dabei stets abhängig von den Bauexperten im → *Rathaus*. Und sie wirkte sich des Öfteren nachteilig aus. Heute gibt es einige Objekte, die am Nerv jedes Menschen zerren, der einigermaßen Sinn für Architektur hat. Die Sünden der Vergangenheit sind unübersehbar – sie auszumerzen, gestaltet sich jedoch mehr als schwierig. Andere Bauvorhaben lassen dagegen hoffen. So zum Beispiel das neue → *Arbeitsamt* am → *Harburger Ring*, die Filiale der → *Vereinsbank* in der → *Lüneburger Straße* und der Bau der → *Harburg Arcaden*. Homogen ist das Stadtbild jedoch bei allen Bemühungen um mehr Qualität nicht – eine Folge der Geschichte.

Stadtumgehung: Die riesige Brückenkonstruktion verbindet die → *Bremer Straße* über die Hohe Straße mit der Wilhelmsburger Reichsstraße. Unter den meterdicken Pfeilern sorgt ein bisschen Kunst für Abwechslung – und der Straßenverkehr.

Standesamt: Auch die Harburger heiraten oft und gerne. Und dazu müssen sie aufs Standesamt gehen. Es befindet sich in den Räumen der → *Alten Handwerkskammer* am → *Museumsplatz*.

Futuristisch: Die auf Säulen gebaute Stadtumgehung spiegelt sich im Wasser des darunter liegenden Regenrückhaltebeckens.

Die historische Kulisse hat ihren besonderen Charme. Versuche, das Standesamt ins → *Rathaus* zu verlagern, scheiterten bislang aus Platzgründen.

Steinikestraße: Georg Steinike (1801 – 1880) war Rechnungsrat beim Hauptzollamt → *Harburg*. Sein Sohn Hermann Steinike gründete 1853 mit Eduard Weinlig die berühmte Getränkefabrik „Steinike&Weinlig", die bis ins späte 20. Jahrhundert bekannte Getränkemarken produzierte.

St. Johanniskirche: Im Stil der Neu-Gotik wurde 1892 mit dem Bau der zweiten lutherischen Stadtkirche begonnen. 1894 wurde die St. Johanniskirche eingeweiht. Wie die → *Dreifaltigkeitskirche* sollte auch sie den → *Zweiten Weltkrieg* nicht überdauern. Heute steht auf dem Grundstück an der → *Bremer Straße* ebenfalls ein vergleichsweise schlichter Nachkriegsbau aus dem Jahr 1954, dessen markanter Turm weit über Harburgs Dächer ragt.

St. Marienkirche: Die größte katholische Kirche im Hamburger Süden wurde 1865 gebaut. Sie steht zwischen → *Knoopstraße*, Wilhelmstraße und → *Museumsplatz*. Direkt daneben sind das katholische Gemeindehaus und ein Veranstaltungssaal. Die katholische Gemeinde engagiert sich stark bei ihren katholischen Glaubensbrüdern und -schwestern, die aus anderen Ländern nach → *Harburg* gekommen sind. Besonders beeindruckend sich die Fronleichnam-Prozessionen, die alljährlich am Wochenende nach Fronleichnam im → *Stadtpark* stattfinden.

Storch: Ja, es gibt noch ein Storchenpaar in Harburg. Es nistet am Großmoordamm auf dem Giebel eines Bauernhauses und futtert sich auf den feuchten Wiesen in Neuland durch.

St. Pauluskirche: Am → *Alten Postweg* in → *Heimfeld* steht die St. Pauluskirche, die dritte lutherische Harburger Stadtkirche nach der → *Dreifaltigkeitskirche* und der → *St. Johanniskirche*. Sie wurde 1906 errichtet und 1907 eingeweiht. Der Entwurf stammt von dem Hamburger Architekten Groothoff, der das Gotteshaus mit seinen 716 Sitzplätzen schließlich auch bauen durfte. Die Altarbibel wurde zur Weihung der Kirche von der Kaiserin gespendet – mit handschriftlicher Widmung und einem Bibelvers aus dem ersten Johannes-Brief: „Und die Welt vergeht mit ihrer Lust. Wer aber den Willen Gottes tut, der bleibt in Ewigkeit."

Markant: der Turm der St. Johanniskirche an der Bremer Straße.

Historisch: Die St. Pauluskirche in Heimfeld wurde 1907 eingeweiht.

St. Petruskirche: Das moderne Gotteshaus mit angegliedertem Seniorenheim steht in der Haakestraße in → *Heimfeld*. Es wurde 1978 eingeweiht.

Tierisch: Das Neuländer Storchenpaar sorgt auf dem Horst für Nachwuchs.

Mehr als 300 Opfer forderte die Sturmflut von 1962. Das Foto zeigt Helfer bei den Aufräum- und Sicherungsarbeiten.

Studentensilo: Eigentlich sollte der ehemalige Getreidesilo zwischen → *Schellerdamm* und → *Westlichem Bahnhofskanal* im → *Binnenhafen* zu einem Studentenwohnheim umgebaut werden. Gut zehn Jahre planten verschiedene Investoren an dem technisch komplizierten Projekt – dann wurden die immer wieder in den Zeitungen vorgestellten Pläne verworfen. Stattdessen hielt es der neue Besitzer für geeigneter, in den Betonröhren Büros und gegenüber ein neues Studentenwohnheim zu bauen.

Sturmflut: Die große Hamburger Sturmflut, die in der Nacht vom 16. auf den 17. Februar 1962 weite Teile des → *Bezirks Harburg* und damit vor allem auch → *Wilhelmsburg* und die Obstanbaugebiete in Francop und Cranz heimsuchte, traf die Menschen unvorbereitet und mit voller Wucht. 315 Opfer, darunter auch Soldaten der Bundeswehr und Mitglieder von Hilfsorganisationen, waren zu beklagen, nachdem sich das mehrere Meter hohe Wasser wieder verzogen hatte. In den Fluten versanken ganze Häuser, als nachts um 2 Uhr die Deiche an 60 Stellen zwischen Neuenfelde und Moorburg brachen. Im Kleingartengebiet zwischen Finkenwerder und Waltershof ertranken viele Menschen, die in ihren Holzhäusern schliefen und vom nassen Tod überrascht wurden. Vielen Wilhelmsburgern erging es ebenso. Die Überschwemmungen reichten bis an die → *Buxtehuder Straße* in Harburg. 40 000 Menschen wurden in jener Nacht ob-

Die Süderelbe von Wilhelmsburger Seite aus betrachtet: Der Strom trennte von jeher Harburg und Hamburg.

dachlos. Noch heute wird in → *Wilhelmsburg* jedes Jahr am 16. Februar eine Flamme zum Gedenken an die Opfer entzündet.

Süderelbe: Im Stromspaltungsgebiet entwickelten sich seit dem frühen Mittelalter gleich zwei Hafen- und Handelsstädte: Hamburg an der Norderelbe und → *Harburg* an der Süderelbe. Im ewigen Konkurrenzkampf unterlag schließlich Harburg und wurde Hamburger Bezirk mit angeschlagenem → *Image*. Dass die Hamburger diesen Kampf gewannen, verdanken sie auch einigen Tricks. So war früher die Schiffbarkeit der Elbe ein entscheidender Punkt beim Wettstreit der beiden Hafenstädte. Hamburg half da gern ein wenig nach: An der Bunthauspitze etwa, dort wo Norder- und Süderelbe zusammenfließen, veränderten sie den Stromverlauf so, dass die Norderelbe tiefer wurde. An ihrem frühen Stützpunkt am Ufer der Süderelbe, in Moorburg, spannten die Hamburger sogar eine Kette über den Fluss, um Schiffer von der Fahrt nach Harburg abzuhalten.
Früher herrschte auf der Süderelbe lediglich Fährverkehr, heute gibt es immerhin schon ein paar Brücken. Und wenn der Harburger nett ist, bekommt er sogar ein Visum für einen Besuch am Hamburger Jungfernstieg...ein kleiner Scherz, der beweist, dass die unter den Nazis vorgenommene Zwangseingemeindung durch das → *Groß-Hamburg-Gesetz* noch immer nicht ganz verwunden ist. Süderelbe wird darüber hinaus

auch der Ortsamtsbereich zwischen Hausbruch und Sandbek genannt. Das Zentrum ist Neugraben, dort herrscht der Ortsamtsleiter. Und es gibt sogar ein kleines „Parlament" – den Ortsausschuss, in dem sich die Abgeordneten der Parteien mitunter wilde Gefechte liefern. Allerdings: Sie haben noch weniger zu sagen als die Bezirksabgeordneten in Harburg. Der zweite Harburger Ortsamtsbereich ist → *Wilhelmsburg*. Siehe auch → *Kommunalpolitik*.

Synagoge: Die Harburger Synagoge stand eingangs der → *Eißendorfer Straße*. Heute erinnert nur noch ein Mahnmal an das Versammlungshaus der jüdischen Gemeinde, die 1926 gerade mal 387 Mitglieder zählte. 1939 waren es nur noch 54. Ein Jahr zuvor, in der Nacht vom 9. zum 10. November, brannten landesweit die Synagogen und die jüdischen Geschäfte. Auch in → *Harburg* wurden Geschäfte jüdischer Mitbürger demoliert. Am Abend des 10. Novembers 1938 wurde die Leichenhalle auf dem jüdischen Friedhof am → *Schwarzenberg* (damals Hermann-Göring-Platz) angezündet. Die 1862 erbaute Synagoge wurde anschließend gestürmt und geschändet – das Inventar wurde kurz- und kleingeschlagen, anschließend verbrannt. Das Gebäude wurde 1941 abgerissen, das Grundstück verkauft.

Szene: Im Schatten der Großstadt Hamburg hat es eine eigenständige Harburger Szene natürlich schwer. Doch Partys und Konzerte gibt es auch hier. Traditionelle Musikkneipen sind beispielsweise das Consortium und die Tröte in der → *Neuen Straße*. Eher schicke Partys, die auch Besucher aus Hamburg anlocken, gibt's im → *Palmspeicher* im → *Binnenhafen*. Hoch her geht es oft auch in der Brazil-Bar in der → *Lämmertwiete*. Konzerte und Disco-Veranstaltungen bietet der → *Rieckhof*. Das Edelweiß an der → *Bremer Straße* wird für große Partys ebenfalls gelegentlich reaktiviert.

T

Telekom: Zwar wurde → *Harburg* doch nicht, wie ursprünglich geplant, Standort eines neuen Fernmeldeamts, aber die Privatisierung der guten alten deutschen Post brachte neuen Schwung. So war die Telekom-Mobilfunk-Abteilung für Norddeutschland eines der ersten Unternehmen, die in den → *Binnenhafen* zogen und so Basis für die Entwicklung des Hightech-Standorts → *Channel Harburg* wurden. Rund 600 Telekom-Mitarbeiter arbeiten dort.

Tempowerk: Sie sind manchem noch in guter Erinnerung: die kleinen dreirädrigen Tempo-Mini-Lkw. 1928 verlagerte die in Wandsbek gegründete Firma Vidal&Sohn ihr Tempo-Werk nach → *Bostelbek*. Zeitweilig gab es in → *Harburg* sogar einen Bahnhof Tempowerk. Doch das Werk selbst existiert schon lange nicht mehr. Die Tempowerke wurden von Hanomag-Henschel übernommen, die es schon lange nicht mehr gibt. Stattdessen steht in Hausbruch heute das → *DaimlerChrysler*-Werk Hamburg. Nur der Tempowerkring erinnert noch an die kleinen Dreirad-Lkw made in Harburg.

Theater: Lang ist's her, dass → *Harburg* noch ein eigenständiges Theater hatte. 1894 wurde das Harburger Stadttheater gegründet. Im Bombenhagel des → *Zweiten Weltkriegs* endete das Bühnenleben abrupt. Immerhin waren so legendäre Namen wie Gustav Knuth auf den Besetzungslisten zu finden. Kurzzeitig, aber immerhin. Er soll seine Schauspielerkarriere in Harburg begonnen, oder – falls das übertrieben ist – immerhin verfeinert haben. Nach dem Krieg etablierte sich das Harburger-Altonaer Theater, dessen Aufführungen im → *Helms-Saal* stattfanden. Nachdem jedoch die Hamburger Kulturbehörde diesem kleinen Theater in den 90er-Jahren den Hahn abdrehte (irgendwo muss man schließlich mit dem Sparen anfangen), war es aus mit der Harburger Theaterkultur. Damit die Fangemeinde jedoch nicht gänzlich auf dem Trockenen sitzt, spielt jetzt regelmäßig das Lüneburger Theater in Harburg. Und zu Lüneburg hatten die Harburger schließlich schon Kontakte, als Harburg noch Provinzstädtchen der Hannoverschen Kurfürsten (1705 – 1800) war.

Thörlgebäude: Das markante, helle Gebäude an der → *Harburger Schloßstraße* 20 ist ein typisches Beispiel der klaren → *Architektur* der 20er-Jahre des 20. Jahrhundert. Es gehörte zu den Unternehmen von → *Friedrich Thörl* und beherbergte zunächst eine Weberei. Sechs alte Bürgerhäuser wurden dafür seinerzeit abgerissen und das Thörlgebäude war somit ein Beispiel dafür, wie die → *Industrialisierung* des Hafens das Bild der eigentlichen Altstadt Harburgs änderte. Heute ist eine Abteilung der → *TU Harburg* in dem Haus zu Hause.

Thörlweg: 1941 benannt nach der Harburger Industriellenfamilie Thörl. Johann Friedrich Thörl (1820 – 1886) gründete unter anderem die „Harburger Ölfabrik F. Thörl". Auch sein Sohn Friedrich Thörl (1857 – 1936) war Harburger Fabrikant und Unternehmensgründer. Sämtliche Firmen wurden 1906 zu „F.Thörl Vereinigte Harburger Ölfabriken AG" fusioniert. 1927 wurde Friedrich Thörl zum Ehrenbürger Harburgs ernannt. Siehe auch → *Industrialisierung*.

Tivoliweg: Der kleine Weg in → *Wilstorf* wurde 1950 nach der Gaststätte „Dittmers Tivoli" benannt.

Traunweg: Christian Justus Friedrich Traun (1804 – 1881) gründete die Harburger Gummi-Kamm-Compagnie, die Vorläufer der heutigen → *New-York Hamburger Gummi-Waaren Compagnie* ist.

TU Harburg: Als der Senat in den 70er-Jahren den Weg für eine neue Technische Universität in → *Harburg* bahnte, war der Standort zunächst höchst umstritten. Die Harburger → *Kommunalpolitik* wollte die Hochschule lieber außerhalb der → *Innenstadt* bauen – auf der → *Bahnhofsinsel*. Doch der Senat setzte sich darüber hinweg und entschied sich für einen Standort mitten in Harburg: Gut 20 Jahre nach ihrer Gründung hat die TU daher zwischen der Straße → *Am Irrgarten* und → *Denickestraße* mit recht engen Platzverhältnissen zu kämpfen. Doch andererseits ist sie so mit der Stadt verankert und ein wichtiger Teil

Ein Glücksfall für Harburg: die Technische Universität Hamburg-Harburg sorgte für Renommee und Arbeitsplätze.

Harburgs geworden. Dazu trägt zum einen der Ruf bei, eine besonders gute und reformfreudige Uni zu sein. Unter anderem wurde hier die erste internationale Hamburger Privat-Uni → *NIT* (Northern Institute of Technology) gegründet. Zum anderen erhält Harburg durch den Bereich Stadtplanung immer wieder fachkundige und kompetente Unterstützung. Eine enge Verzahnung gibt es auch mit der lokalen Wirtschaft. Mit der TU dem → *MAZ* und neuen Firmen ist im → *Binnenhafen* ein Dreiklang entstanden, der dort wirtschaftspolitische Erfolgsgeschichte geschrieben hat.

Tunnel: Nichts verabscheuen die Harburger mehr als Fußgängertunnel. Alle Versuche der → *Stadtplanung*, die Menschheit vor dem natürlichen Ableben unter die Erde zu bringen, sind von Missmut begleitet worden – mit dem Ergebnis, dass ganze Tunnelanlagen wieder zugeschüttet werden mussten. So geschehen an der → *Goldtschmidtstraße* und an der → *Knoopstraße/* → *Bremer Straße*. Einige Tunnel haben zwangsläufig überlebt. Sie führen unter anderem zu den S-Bahnhöfen und müssen benutzt werden.

U

Ütschendiek: Siehe Göhlbachtal.

V

Vahlenkampffweg: Thomas Vahlenkampff (1642 – 1715) war Kaufmann und → *Bürgermeister* in → *Harburg*.

Vereine: Als früher selbstständige Stadt verfügt → *Harburg* über ein umfangreiches Vereinsleben: Von A wie Angler bis Z wie Zwergkaninchen sind alle denkbaren Hobbys vereinsmäßig organisiert. Breiten Raum nehmen die Bereiche Sport und Schützenwesen ein, wobei die → *Schützengilde* von 1528 als der wohl älteste und zugleich bekannteste Verein gilt.

Vereinsbank: Die Vereinsbank hat ihre Filiale in der Fußgängerzone → *Lüneburger Straße*. Dort steht ein modernes Gebäude mit Pfiff und preisgekrönter → *Architektur*.

Villen: Die Wohnhäuser der wohlhabenden Harburger standen früher und teilweise auch heute vor allem an der → *Buxtehuder Straße* und im westlichen → *Heimfeld*. Ganz im Sinne des patriarchalischen Selbstverständnisses bauten im 19. Jahrhundert viele Unternehmer ihre Häuser nahe ihrer Fabrikanlagen im heutigen → *Binnenhafen*. Die → *Blohmstraße* und die Buxtehuder Straße bieten heute noch ein paar Zeugnisse dieser aufwändigen und repräsentativen → *Architektur*. Anfang des 20. Jahrhunderts war es dann chic, in landschaftlich reizvoller Umgebung zu bauen. Vermutlich störten auch Abgase und Lärm der Fabrikationsanlagen. In dieser Zeit entstand auch das Villenviertel entlang der Heimfelder Straße. Seit einiger Zeit ist dieses Areal durch eine spezielle Villen-Satzung in seiner Architektur geschützt.

Vogelhüttenberg: Heute wird sie in Deutschland verpönt, doch der Name zeugt davon, dass die Jagd auf Vögel früher auch in → *Harburg* verbreitet war. So genannte Vogelhütten hatten den Zweck, Vögel zu fangen. Wie aus alten Harburger Ansichten zu erkennen ist, gab es besonders am Ufer der → *Süderelbe* solche Vogel-

Auf keinen Fall werden die Harburger Gilde-Schützen ihren Hut an den Nagel hängen – es sei denn, es ist zu warm im Festzelt oder zu spannend beim Schießen

hütten. Auch der Vogelhüttendeich in → *Wilhelmsburg* erinnert daran.

Vogelschießen: Harburgs fünfte Jahreszeit: Immer in der dritten Juni-Woche hat die → *Schützengilde* das Sagen – auch im und am Rathaus. Denn dort finden allerlei Termine statt – von A wie Ausmarsch bis Z wie Zapfenstreich. Beim Vogelschießen treten erwachsene Männer im besten Alter gegeneinander an, um mit gezielten Schüssen einen Holzvogel zu zerlegen. Der Vogel ist massiv, und es bedarf in der Regel einiger Runden Dauerfeuer, bis der letzte Span fällt. Eben dieser Span aber ist das Wichtigste am ganzen Schießen. Wer ihn herunterholt, ist neuer Gildekönig und damit für ein Jahr Repräsentant des Traditionsvereins. Erster König war übrigens kein Geringerer als Herzog Otto I., der im Jahr 1528 zugleich als Begründer der Gilde gilt.

Vogteistraße: Die Straße in → *Rönneburg* erinnert daran, dass der Stadtteil einmal eine der zehn Vogteien des Amts → *Harburg* war.

Volkswohlweg: Dieser Weg im Beerental in → *Eißendorf* wurde 1960 nach einem nahen Areal benannt, wo Gewerkschaften ein Gartenlokal samt Sportplatz eingerichtet hatten. Unter den Nazis eignete sich die Deutsche Arbeitsfront das Gelände an und gab ihm den fantasievollen Namen „Deutscher Garten".

W

Walkmühlenweg: Im 18. Jahrhundert stand dort, wo heute die kleine Straße vom → *Harburger Rathausplatz* zur → *Lüneburger Straße* führt, eine Walkmühle für die Bearbeitung von Filz. Später wurde daraus eine Papiermühle. Seinerzeit mündeten in etwa auf dem heutigen Rathausplatz drei Bäche zu einem „Mühlenteich", der für den Antrieb der Mühlen sorgte. 1859 kaufte die Stadt Teich und Mühle und baute ein Bassin – heute erinnert auf dem Rathausplatz nur noch ein kleines flaches Becken samt gelegentlich betriebenem Springbrunnen an diese Zeit.

Wallgraben: Ein Wall samt Graben schützte noch im 17. Jahrhundert die Stadt. Nach dieser Anlage ist später die Straße Wallgraben benannt worden.

Walter-Dudek-Brücke: Der Verkehrsknotenpunkt zwischen → *Buxtehuder Straße* und → *Hannoverscher Straße* erinnert seit 1985 an Walter Dudek, der 1924 bis 1933 letzter Harburger → *Bürgermeister*, genau genommen sogar Oberbürgermeister gewesen war. Die Nazis setzten ihn ab. Legendär ist das Foto, das Dudek in Begleitung der Hitler-Schergen auf den Stufen des Rathauses zeigt. Doch nach dem Krieg bekam der Sozialdemokrat sein politisches Comeback und war von 1946 bis 1953 Hamburger Senator. Auf sein Wirken geht unter anderem der Bau der → *Schwimmhalle* am → *Rathaus* zurück.

Wasmerstraße: Benannt nach dem Major Detlef Friedrich Wulff Benedictus von Wasmer (1790 – 1874), der Besitzer des Ritterguts → *Kanzlershof* war. Die Wasmerstraße samt Brücke über die Bahnschienen war für die Bewohner des heutigen Kanzlershof lange Zeit eine wichtige Verbindung nach → *Rönneburg*. Doch die Hamburger Baubehörde hielt den Erhalt der Brücke nicht für notwendig und ließ sie vor wenigen Jahren abreißen – trotz vollmundiger Rettungsversuche von → *Kommunalpolitik* und Harburger Bürgerschaftsabgeordneten.

Wasserspielplatz: Auf dem Gelände einer ehemaligen Zündschnurfabrik gibt es im → *Stadtpark* einen Spielplatz, wo Kinder nach Herzenslust mit Wasser und Matsch spielen können. Der in → *Harburg* äußerst beliebte Wasserspielplatz ist über den Marmstorfer Weg zu erreichen.

Weinligstraße: Der Senator Eduard Weinlig (1832 – 1920) gründete mit Hermann Steinike die Getränkefabrik „Steinike&Weinlig".

Wendts Weg: Der Verbindungsweg zwischen Neuländer Elbdeich und Neuländer Straße sorgte vor einiger Zeit für Schlagzeilen, weil ihn niemand besitzen wollte. Dem Bezirk erschienen die Instandsetzungskosten zu hoch, daher ließ er den Privatweg weiter Privatweg sein. Doch sein rechtmäßiger Besitzer hatte daran nicht viel Freude und lehnte das Eigentum ebenfalls ab.

„Was ist das denn für ein Müll?" Werbung wird – wie überall – auch in Harburg groß geschrieben – ein Schnappschuss an der Bremer Straße.

Werbung: Werbung wird auch in → *Harburg* allerorten groß geschrieben. Keine Fläche, die nicht von türkischen Kulturvereinen dazu benutzt wird, unverständliche Parolen zu verbreiten. Im Ernst: Wenn es um Werbung geht, gibt es ein Phänomen. Immer wenn namhafte Anbieter reizender Unterwäsche die Stadt tapezieren, werden die flachen Plakatvitrinen der Hamburger Außenwerbung über Nacht leergeräumt. Wo das ganze Altpapier bleibt, weiß niemand so recht – allenfalls die Plakatdiebe...

Werften: Während um die Jahrhundertwende der → *Binnenhafen* und das nahe Reiherstiegviertel im benachbarten → *Wilhelmsburg* Standort vieler großer Werftbetriebe war, sind heute nur noch Reste der Harburger Schiffbau-Tradition vorhanden. Die letzte große Werft, die Jöhnk-Werft im Binnenhafen, ist nur noch Reparatur-Betrieb. Ähnlich der Betrieb gleich daneben: „Jugend in Arbeit" hat sich als gemeinnütziger → *Verein* auf die Restaurierung historischer Schiffe spezialisiert. Mit öffentlichem Geld sind so in → *Harburg* mit ehemals Arbeitslosen zwar Schmuckstücke wie die ehemalige Senatsbarkasse „Schaarhörn" wieder aufgeblüht – doch wer so viele umgeschulte Bootsbauer beschäftigen soll, bleibt fraglich.

Die ehemalige Senatsbarkasse „Schaarhörn" wurde auf der Jöhnk-Werft im Harburger Binnenhafen restauriert und wieder flott gemacht.

Westlicher Bahnhofskanal: Das Hafenbecken im → *Binnenhafen* ist heute Zentrum des Hightech-Areal → *Channel Harburg*. Neue und restaurierte Bürogebäude säumen den Kai, die Restaurants → *Marinas* und → *Palmspeicher* sorgen fürs Ambiente. Entstanden ist der Westliche Bahnhofskanal als Umschlagsplatz der Bahn – genau wie sein Nachbarkanal, der → *Östliche Bahnhofskanal*.

Weusthoffstraße: Friedrich Ludwig Weusthoff (1796-1879) war Präsident der Handelskammer → *Harburg*, Winsen, Soltau und Tostedt. Bis 1950 hieß die Straße noch „Bartelsstraße" nach einem nahe gelegenen Bauernhof.

Wilhelmsburg: Die Elbinsel verbindet eine lange Vergangenheit mit → *Harburg*, denn bevor Harburg und Wilhelmsburg 1937 durch das → *Groß-Hamburg-Gesetz* der Hansestadt zugeschlagen wurden, waren beide zu einer Großstadt zusammengefasst worden. Der Name → *Harburg-Wilhelmsburg* ziert viele historische Postkarten. Heute ist Wilhelmsburg neben → *Süderelbe* einer der beiden Ortsamtsbereiche, die zum → *Bezirk* Harburg zählen. Die Elbinsel ist geprägt durch einen hohen Ausländeranteil (fast 30 Prozent), viel → *Industrie* und Gewerbe, Landwirtschaft im Osten und eine fast unglaubliche Zahl von → *Vereinen* und Initiativen.

Wilhelm-Weber-Straße: Wilhelm Weber (1857 – 1934) war Banker und Aufsichtsratsmitglied in einigen Harburger Großunternehmen.

Wilstorf: Dass Wilstorf einmal viele Jahrhunderte lang ein Dorf war, lässt sich heute kaum erahnen. Im Jahr 2000 ist beispielsweise am → *Tivoliweg* das letzte Fachwerkhaus der Abrissbirne zum

Ein Teil der alten Gebäude am Westlichen Bahnhofskanal ist stark renovierungsbedürftig. Der südliche Bereich präsentiert sich dagegen wie aus dem Ei gepellt.

Opfer gefallen. Urkundlich das erste Mal erwähnt wird Wilstorf allerdings bereits im 13. Jahrhundert. Aus dieser Zeit ist aber selbst für Fachleute kein Zeugnis mehr zu entdecken. Das liegt unter anderem auch daran, dass Wilstorf während der französischen Besatzungszeit 1814 vollständig niedergebrannt wurde. Doch das eigentliche Ende kam mit der → *Industrialisierung* Harburgs im 19. Jahrhundert, als das Dorf wie → *Heimfeld* 1888 eingemeindet wurde. Allerdings wurde Wilstorf nicht in dem Maße wie etwa → *Heimfeld* oder das nahe → *Phoenix-Viertel* dicht mit Mietshäusern bebaut. Diese Entwicklung ging zunächst zögerlich voran. Erst Anfang des 20. Jahrhunderts fand dort eine massive Bebauung mit Geschoss-Wohnhäusern statt, die vor allem durch die seinerzeit gegründeten Baugenossenschaften finanziert wurden. Der heutige Stadtteil Wilstorf zwischen Hoher Straße und Stadtpark mit seinen knapp 16 000 Einwohnern ist daher immer noch durch genossenschaftlichen Wohnbauten der Weimarer Republik geprägt. Besonders viel hat dort der → *Eisenbahnbauverein* gebaut.

Wilstorfer Straße: Einst war die Straße entlang des → *Phoenix-Werks* eine beliebte Einkaufsstraße. Doch spätestens in den 90er-Jahren des

20. Jahrhundert änderte sich das rapide. Nächtliche Schießereien, dubiose Kioske und Glückspielhallen verliehen ihr schnell den Ruf, der neue Kiez von → *Harburg* zu werden. Doch eine Initiative von Geschäftsleuten bemüht sich gemeinsam mit dem → *Bezirk*, die Straße zumindest optisch wieder attraktiver zu gestalten.

Windpark: Die Windmühlen-Schwemme macht auch vor → *Harburg* nicht Halt. An der → *Autobahn* in → *Neuland* drehen sich vier Rotoren im Dienste der Hamburgischen Elektrizitätswerke. Konzipiert wurde das Energie-Quartett als Bürger-Windpark. Solvente Hanseaten hatten die Möglichkeit, Anteile zu zeichnen und über diesen neuen Finanzierungsweg eine recht gute Kapitalverzinsung zu erreichen – für den Fall, dass der Wind auch wirklich kräftig weht...

Winsener Straße: Wie könnte es anders sein: Diese Straße führt nach Winsen. Jedenfalls nach etwa 20 Kilometern. Seitdem die Harburger → *Kommunalpolitik* dafür gesorgt hat, dass diese wichtige Ausfallstraße durch Busspuren künstlich verengt ist, gibt es dort nur noch nachts ein erträgliches Vorankommen.

Wirtschaftsverein Harburg-Wilhelmsburg: Im Wirtschaftsverein treffen sich einmal im Monat leitende Mitarbeiter, Geschäftsführer und Firmeninhaber zu Gesprächen und Referaten rund um das Thema Wirtschaft. Dass es dabei nicht nur ums Reden, sondern auch um Geldverdienen geht, versteht sich von selbst. Einmal im Jahr ist Herrenabend angesagt (auch Damen werden vereinzelt gesichtet). Dann wird im → *Hotel Lindtner* fürstlich gespeist, und ein Stargast vom Range eines Bundesministers, Ministerpräsidenten oder wenigstens Senators ist geladen. Dieses Procedere ist vom Vorsitzenden Jochen Winand stetig gepflegt und ausgereizt worden. Sein Name steht für die Modernisierung und Öffnung der traditionellen Runde, in der sich früher die Honoratioren der Stadt zum Smalltalk trafen. Gegründet wurde der → *Verein* im November 1947. An seiner Spitze standen durchweg Manager großer Harburger Betriebe wie Phoenix, Hobum, Merkel und Mercedes-Benz.

Zur Proklamation des Gilde-Königs in Betrieb: der Zwei-Schalen-Brunnen auf dem Schwarzenberg.

Woellmerstraße: Der Kaufhaus-Angestellte Peter Woellmer (1819 – 1904) vererbte sein Vermögen von immerhin 70 000 Mark in voller Höhe der Stadt → *Harburg* für wohltätige Zwecke. 1910 wurde daher eine Straße in → *Heimfeld* nach ihm benannt.

Würffelstraße: August Würffel (1823 – 1878) war Begründer der Harburger → *Phoenix-Werke*. Zuvor war er Prokurist und Vertreter der Harburger Niederlassung des französischen Gummiproduzenten Menier. Nach dem deutsch-französischen Krieg 1870/71 verkauften die Franzosen ihre Harburger Fabrik an Würffel, der daraus den Vorläufer der Phoenix-Werke machte.

Z

Zitadellenstraße: Die Straße im → *Binnenhafen* erinnert an die stolze Geschichte von → *Burg*, Festung (Zitadelle) und → *Schloss* in → *Harburg*.

Zur Außenmühle: Diesen Namen trägt ein malerisch am → *Außenmühlenteich* gelegenes Lokal, das früher auch als „Top Ten" für Furore (und des Öfteren Polizeieinsätze) sorgte. Die Diskothek gehörte zu den wenigen Anlaufpunkten für die tanzbegeisterten Harburger jüngeren Alters. Wie sich die Zeiten ändern: Die Disco machte dicht, stattdessen trafen sich die Älteren zum plüschigen Tanztee am Sonntagnachmittag. Ein neuer Pächter ist indes in Sicht: Heiko Hornbacher, der das Außenmühlenfest organisiert.

Zwei-Schalen-Brunnen: Dieser Brunnen ziert den → *Schwarzenberg*. Er steht auf dem Platz vor dem → *Kaiserblick*.

Zweiter Weltkrieg: Die ersten Jahre des Zweiten Weltkriegs gingen an Harburg beinahe spurlos vorüber. Viele Männer waren allerdings eingezogen worden, und die Frauen bangten zu Hause. Was zunächst noch als Segen schien – die vielen Arbeitsplätze in den Harburger → *Industrie*-Betrieben – sollte sich allerdings schon bald als Fluch erweisen. Zwei Jahre vor Kriegsende, als sich das Blatt für die deutschen Welteroberer zu wenden begann, kam der Schrecken auch nach → *Harburg*. Große Teile der Stadt, die seit 1937 zu Hamburg gehörte, gingen im Bombenhagel unter. Hauptgrund: Die Alliierten versuchten, die Raffinerien am Rande der Hansestadt auszuschalten. Am Rande – das hieß in diesem Fall Harburg. Am 25. Oktober erlebte Harburg den schwersten Bombenangriff. 632 Tote und rund 2 000 Verletzte, überwiegend Zivilisten, war die Schreckensbilanz nur eines Tages. Weitere schwere Angriffe folgten im November. Insgesamt sind für den Bereich Harburg 2 551 Bombenopfer offiziell belegt. Viele Gebäude wurden zerstört. Auch das Harburger → *Rathaus* bekam einen Treffer, der einen Flügel in Schutt und Asche legte.
Warum die Stadt so viele Treffer bekam, darüber gibt es zwei Auffassungen. Die erste Version: Wenn die Bomber ihr Ziel, die Industrie-Anlagen, verfehlt hatten, warfen sie die Bombenlast blind ab, um möglichst schnell aus dem Bereich der Flugabwehr zu entkommen. Die andere Version: Der englische Premier Winston Churchill setzte ganz gezielt auf die Zermürbung der Zivilbevölkerung. Und dazu war es notwendig, von der Materialschlacht zum Psychokrieg zu wechseln. Letzteres könnte die verheerenden Bombenschäden in ganz Hamburg und damit auch in Harburg erklären.

Volkstrauertag auf dem Harburger Friedhof. Mehrfach gedachte der Harburger Bürgerschaftsabgeordnete Volker Rühe während seiner Zeit als Bundesverteidigungsminister der Gefallenen.

Harburg aus der Luft betrachtet: Das Foto zeigt links unten den Festplatz auf dem Schwarzenberg. Am unteren Bildrand in der Mitte sind die futuristischen Gebäude der TU Harburg und des NIT zu sehen. Am linken Bildrand auf halber Höhe sind die Gebäude des Channel Harburg gut zu erkennen. Der Grünzug rechts in der Bildmitte ist der Alte Friedhof.

Links daneben: der Bereich Rathausplatz, alte Schwimmhalle, St. Johanniskirche. Am oberen Bildrand ist Neuland mit den Siedlungen und dem dahinter liegenden Gewerbe- und Einzelhandelsgebiet Großmoorbogen zu sehen.

Literatur:

- Becker, Wolfgang: Harburg, wie hast du dich verändert; Hamburg 1997
- Becker/Szczepaniak/Busch: Harburg von 1970 bis heute, Hamburg 2000
- Busch, Ralf: Das Harburger Vogelschießen, Hamburg 1997
- Busch, Ralf: Harburg – Sand, Hamburg 1996
- Ellermeyer/Heyl/Heymann: Shalom Harburg!, Dokumentation, Hamburg 1990
- Hellberg/Albrecht/Grunert: Harburg und Umgebung, Hamburg-Inventar, Hamburg 1999
- Holtz/Homann: Die Straßennamen von Harburg, Hamburg 1970
- Kausche/von Lehe/Ramm: Heimatchronik der Freien und Hansestadt Hamburg, Hamburg
- Postgeschichtliche Blätter Hamburg, Heft 15, Hamburg 1972
- Schmidt-Reitz, Carl: Harburger Oelwerke Brinckman&Mergell, Hamburg 1956
- Schweda, Torsten: Harburg – Evangelische Kirche in der Urbanisierung, Hamburg 1997
- Truels, Max: Geschriebene Harburgensien, Hamburg 1986
- Verschiedene Ausgaben und Sonderausgaben der Harburger Anzeigen und Nachrichten

Axel Tiedemann Jahrgang 1961, ist in Buxtehude aufgewachsen, studierte Geographie, Politikwissenschaften und Jura. Seine journalistische Laufbahn startete er bei den Cuxhavener Nachrichten. Viele Jahre arbeitete er als Redakteur für die Harburger Anzeigen und Nachrichten und war dort zuletzt für die Harburg-Berichterstattung zuständig. Seit einem Jahr schreibt er Reiseführer (u.a. Westkanada, Spanien) und arbeitet als freier Journalist in Hamburg.

Der gebürtige Harburger **Wolfgang Becker**, Jahrgang 1957, verfolgt als langjähriger Redakteur der Harburger Anzeigen und Nachrichten seit Jahren die Entwicklung Harburgs aus nächster Nähe. Dabei geht es sowohl um Themen wie Stadtplanung als auch um Wirtschaft und das gesellschaftliche Leben. Unter dem Titel „Harburg, wie hast du dich verändert" hat er 1997 sein erstes Buch veröffentlicht, in dem historische Harburger Ansichten den aktuellen Gegebenheiten gegenübergestellt wurden. Im vorigen Jahr folgte „Harburg – von 1970 bis heute".

Bildnachweis:
Dey: S. 85, Hanseatische Luftfoto GmbH: S. 92/93
Alle weiteren Fotos: Becker und Tiedemann

Unser Verlagsprogramm